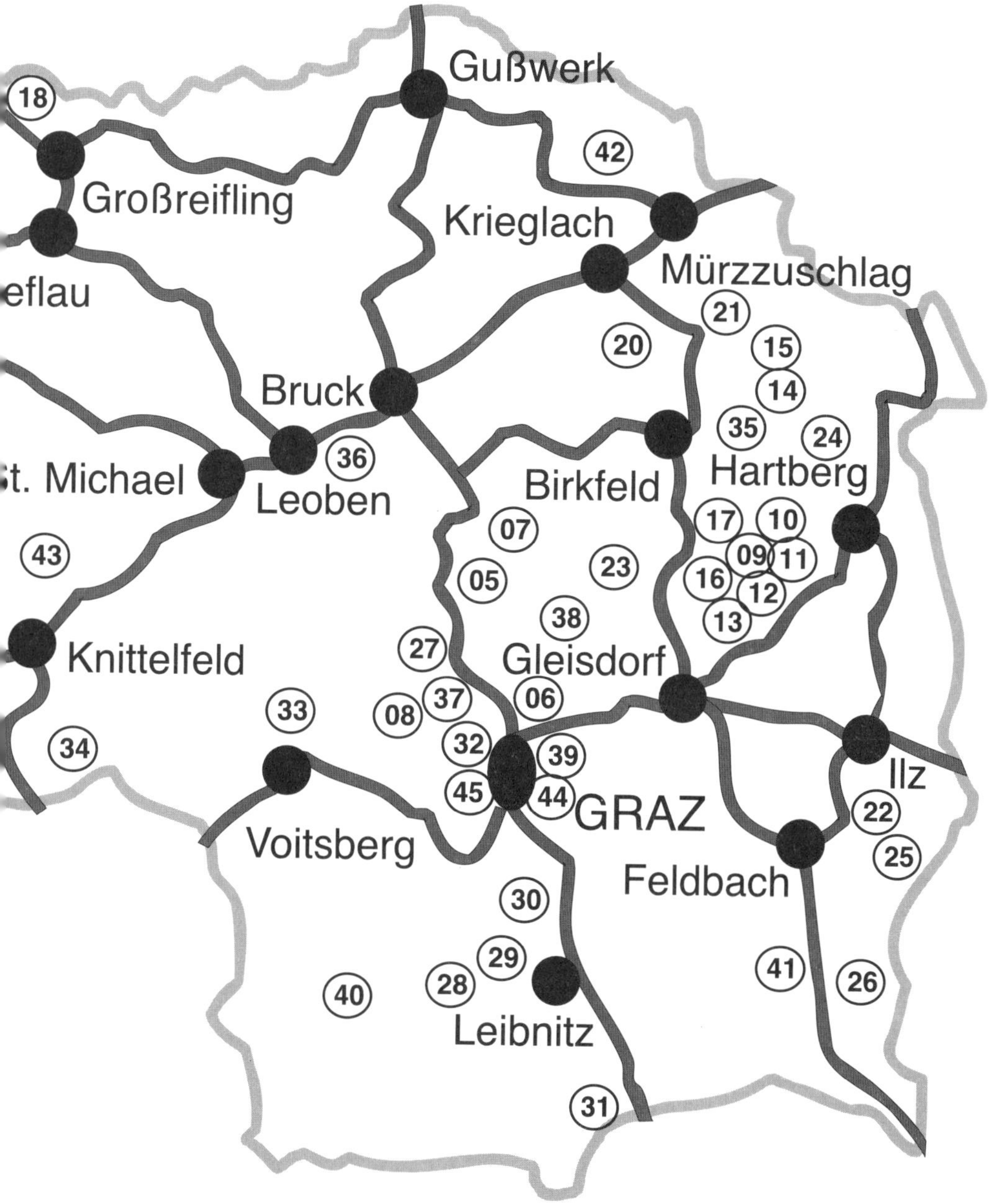
Gußwerk
18
42
Großreifling
Krieglach
Mürzzuschlag
21
20
15
14
Bruck
35
24
36
Hartberg
Leoben
Birkfeld
17
10
07
09
11
43
23
16
05
12
38
13
Knittelfeld
27
Gleisdorf
33
37
06
08
34
32
39
Ilz
45
44
GRAZ
22
Voitsberg
25
Feldbach
30
29
41
26
40
28
Leibnitz
31

Manfred Neuhold

MYTHEN - KRÄFTE - PHÄNOMENE

Kultplätze in der Steiermark

Manfred Neuhold

MYTHEN KRÄFTE PHÄNOMENE

Kultplätze in der Steiermark

Steirische Verlagsgesellschaft

Umschlagfoto: Lochstein auf der Erzherzog-Johann-Höhe/Vorau bei Sonnenaufgang am Johannistag (Foto: Dr. Lothar Wanke)
Umschlagrückseite: Der Strettweger Kultwagen (Foto: Bild- und Tonarchiv)

Abbildung Seite 8 unten: Opferstein des Uxlemitanus in Brunn bei Fehring
Abbildungen auf den vorhergehenden Seiten:
Seite 1: Lochstein bei Miesenbach • Seite 2: Teufelstein, Fischbacher Alpen

Grafik, Gestaltung und Satz: Manfred Neuhold, Graz
Druck und Bindung: Gorenjski Tisk, Kranj, Slowenien

ISBN 3-85489-000-1

Inhalt

Vor allem: Fragezeichen 9
Ein Ohr für den Pulsschlag der Erde 12
Geomantie und Genius loci 13
Die Schlange und das Ei 16
Das Geheimnis des Punktes 20
Das Geheimnis der Richtung 22
Tempel, Natur und große Steine 24
Urangst und Urmutter 25
Der Kult der großen Steine 28
Erdmutter, Stiergott und Blitzstein 34
Die dreigestaltige Göttin 38
Zeit – Ort – Kult 45
Mittelsteinzeit 45
Jungsteinzeit 45
Bronzezeit 46
Die Vorchristliche Eisenzeit 50
Das erste nachchristliche Jahrtausend 53
Christianisierung 54
Spurensuche: Wandern zu Kraftplätzen in der Steiermark 58
Mutterschoß und Bildmagie: Höhlen und Felsbilder 59
01: Die Notgasse bei Gröbming 63
02: Lieglloch 65
03: Auf dem Stein/Östliches Dachsteinplateau 66
04: Salzofenhöhle bei Grundlsee 67
05: Drachenhöhle bei Mixnitz 69
06: Zigeunerloch bei Gratkorn 70
Markierungen: Schalensteine, Lochsteine, Rutschsteine 71
Die Schalensteine 71
Mannsteine und Lochsteine 73
Rutschsteine 75
07: Die Schalensteine in Schüsserlbrunn 76
08: Die Megalithe in St. Pankrazen ob dem Södingtal ... 78
Die Megalithe im Gebiet Strallegg – Miesenbach 81
09: Mannsteine beim Steinbauern 82
10: Lochsteine beim Kulmbauern 82
11: Lochstein beim Gasthof Wildwiese 82
12: Altarstein beim Toten Mann 83
13: Lochstein am Kohlweg 84
14: Lochstein auf der Erherzog-Johann-Höhe bei Vorau 86
15: Lochstein vor der Hubertuskapelle bei Vorau 88

16: Die Mannsteine bei der Grünbründl-Kapelle 88
17: Der Hubertusstein in Trog bei Anger 90
18: Schliefstein und Grotte am Rochusberg 92
19: Schalenstein bei Mariahof am Neumarkter Sattel ... 93
20: Phänomen Teufelstein 94
21: Katharinenstein in St. Kathrein am Hauenstein 96
Höhensiedlungen, Tempel, Opferplätze 98
22: Riegersburg 100
23: Kulm bei Weiz 101
24: Ringkogel bei Hartberg 103
25: Uxlemitanus-Tempel in Brunn bei Fehring 105
26: Königsberg bei Tieschen 106
27: Der Artemis-Tempel auf dem Kugelstein 109
28: Der Königsberg im Sulmtal 110
29: Isis-Noreia-Tempel auf dem Frauenberg 111
30: Buchkogel und Schloßberg bei Wildon 116
31: Hoarachkogel bei Spielfeld 118
32: St. Johann und Paul, Graz-Wetzelsdorf 119
33: Heiliger Berg bei Bärnbach 122
34: Noreia am Neumarkter Sattel 123
Quellheiligtümer, Wegkreuze, Kirchen und Kapellen 125
35: Wallfahrtskirche und Bildsäule in Pöllauberg 127
36: Krypta der Stiftskirche in Leoben-Göss 129
37: Maria Straßengel 131
38: Heiliger Berg und Eremitenquelle
in St. Radegund 132
39: Der Andritz-Ursprung 133
40: Kirche auf dem Ulrichsberg
bei Deutschlandsberg 134
41: Der Tabernakelpfeiler in Hof bei Straden 135
Sonderfall Gotik 137
42: Das Münster in Neuberg an der Mürz 139
43: St. Marein bei Knittelfeld 140
44: Die Leechkirche in Graz 142
45: Der Grazer Dom 143
Kraft ist, wo man bereit ist, sie aufzunehmen 145
Glossar 146
Bibliographie 149

„Unsere Zeit lernt wohl Sitten und Werke fremder Völker erklären, kaum aber diejenigen der nahen Heimat“

Jakob Grimm
(Volkskundler und Märchensammler, 1785 - 1863)

„Es gibt nur Glauben, vielleicht gefährlichen Glauben, aber keinen Aberglauben. Wer die Macht hat, erklärt alles andere zum Aberglauben.“

Dr. Anton Grabner-Haider
(Religionsphilosoph, Universität Graz)

Vor allem: Fragezeichen

Seit sich der Mensch seiner Einbindung in den ewigen Kreislauf von Werden und Vergehen bewußt ist, sucht er einen Weg, die Grenzen zwischen den Seinsformen zu überschreiten. Das Begreifen dieses Kreislaufes zeigt sich in der wohl ältesten kultisch-bildhaften Darstellung, dem Rad. Sonnenrad wird es oft genannt – doch die Speichen des Rades sind nicht Sonnenstrahlen, sondern die Zäsuren der Seinsformen. Und der Kreis hat nicht viel mit der Sonne selbst zu tun, sondern ist der symbolisierte Kreislauf allen Seins. Das Überschreiten der Speichen des Lebensrades ist das Ziel allen Kultes der Menschheit. Jede Philosophie und jede Religion will im Grunde nichts anderes als den Schritt über die Speiche zu tun. Und jede Philosophie und jede Religion kann nicht viel mehr bieten als einen Blick durch das Schlüsselloch in einen dämmrigen Raum. Wird auf eine der unzähligen Fragen eine Antwort gefunden, so wirft diese Antwort selbst wieder eine Vielzahl von Fragen auf.

Als Mittel zur Überschreitung der Speichen des Lebensrades setzt jeder Kult und jede Kultur auf Kraft. Egal, wie man es nennt: es ist immer das, was wir uns unter Kraft, unter einem Energiestrom vorstellen. Wobei die Vorstellung von Kraft eine sehr diffuse ist.

Die Kraft: Etwas, das alles hält, alles trägt, alles in Bewegung hält. Etwas, das entsteht, wenn ruhende Energie erwacht. Etwas, das die Physiker seit Newton recht gut beschreiben können, das sie berechnen, aber immer noch nicht erklären können. Kraft ist ein Produkt aus Masse, Zeit und Weg, sagen die Physiker. Und es gehört beinahe zum Volksschulwissen, sich vom Wirken der Kraft im Größten – dem Kraftspiel der Planeten und der Sonnensysteme – wie im Kleinsten – der fast (oder gänzlich?) materielosen Kraft im Atomkern – ein Bild machen zu können. Ein Bild: Damit sind wir wieder am Ausgangspunkt, beim kultischen Künstler und seinem in die Felswand geritzten Rad. Er tat nichts anderes, als sich ein Bild zu machen: von dem, was er für das Wesentliche hielt. Der Unterschied ist von pragmatischer Natur, nicht von essentieller. Er ist bloß jener des Mittels – Faustkeil oder Digitalkamera –, nicht des Bestrebens. Denn immer geht es nur darum, einen Blick durch das Schlüsselloch in eine parallele Seinsform zu werfen, die Kraft in einer anderen Erscheinungsform zu suchen, und die Vorstellung, die der kurze Blick auslöst, in eine mitteilbare Form zu bringen. Wie die Höhlenzeichnung kann das Bild aus Teleskop oder Mikroskop nur die Wirkung der Kraft zeigen. Die Ursache ist heute wie vor 30.000 Jahren hinter einem riesengroßen Fragezeichen verborgen. Und wie vor 30.000 Jahren ist die Unkenntnis der Ursache für den Menschen kein Hindernis, von der Wirkung der Kraft zu zehren und deren unmittelbaren Einfluß auf jede erkannte Seinsform zu begreifen.

Oder zu glauben, zu begreifen. Denn Kraft ist weit mehr als nur eine physikalische Größe. Denken wir an die Lebenskraft, an die psychische Kraft, an die Kraft des Grünens und die Kraft der Erneuerung.

Am Ende des Jahrtausends der Wissenschaft und der maßlosen Ausbeutung der Natur und der Erde glauben nicht nur die Anhänger der Ökobewegung, daß der biblische Auftrag „Machet euch die Erde untertan" (1. Mos. 1,28) Anlaß zu einigen Mißverständnissen gewesen sein muß. Der vermeintliche Freibrief zum rücksichtlosen Tun alles technisch Machbaren verliert seinen Reiz angesichts der Drohung, durch diese Rücksichtslosigkeit die Lebensgrundlagen zu vernichten. Die Erkenntnis läßt sich nicht mehr unterdrücken: Wir sind Teil eines großen Ganzen, eingebunden in die Zyklen des Ganzen. Oder anders gesagt: Wir sind Kinder der Mutter Erde, und unser Leben ist das Mitgehen im Kreislauf von Werden, Wachsen und Vergehen. Die Kraft, die uns bewegt, die uns mitgehen läßt, bekommen wir – wie das Kind die Nahrung von der Brust der Mutter – aus dem Potential der Erde.

Was für unsere Ahnen aber eine Selbstverständlichkeit war, zeigt sich für uns als Problem. Die Umstände des übertechnisierten Lebens haben unseren unmittelbaren Zugang zur Mutterbrust mit einer Flut von Umleitungsschildern versehen. Die Kraft wurde kanalisiert. Und wenn wir eine Ahnung von der Reinheit des Ursprünglichen bekommen wollen, hilft nur eines: Wir müssen wieder nach der Quelle zu suchen beginnen. Mit dem Fragezeichen als Wanderstock und dem Blick auf die Zeichen unmittelbar vor unseren Füßen.

Die Spuren ursprünglichen Kults und alter Kulturen finden wir nicht nur in der Ferne. Stonehenge ist eindrucksvoll. Aber die Megalithkultur gab es auch in der Steiermark. Die Menhire stehen nicht nur in der Bretagne, es gibt sie auch im Feistritztal oder vor Erzherzog Johanns Brandhof. Die zigtonnenschweren, übereinandergeschichteten Blöcke auf dem Teufelsstein sind um nichts weniger geheimnisvoll als die Pyramiden im Niltal. Die Kathedrale von Chartres ist weltberühmt wegen ihrer besonderen Atmosphäre. Die Leechkirche in Graz ist nicht weltberühmt, aber sie führt das Geheimnis des Ortes, auf dem sie steht, weiter im nach vollkommener Harmonie strebenden Geist der Gotik. Jedes dieser – nur beispielhaft genannten – Monumente ist Markierung für einen besonderen Platz, für eine Quelle der Kraft.

Die einen sagen Kraftzentren, Kultplätze, Orte der Kraft; die anderen sagen Gnadenorte. Wie man die Plätze nennt, ist Sache jedes einzelnen und seinem individuellen Empfinden und Glauben überlassen. Wichtig ist, daß es diese Plätze heute wie vor Jahrtausenden gibt, daß sie nichts von ihrer Ausstrahlung verloren haben und daß sie dem, der sie aufsucht, ein Empfinden für die Geschwisterlichkeit allen Seins – durch alle Erscheinungsformen der Natur und alle Schichten der Zeit – vermitteln können. Es sind Plätze, an denen wir uns in vielerlei Hinsicht „aufladen" können. Nicht nur mit der Kraft, die wir so nötig haben...

Ein Ohr für den Pulsschlag der Erde

Alle frühen Kulte, von denen wir wissen, sind Mutterkulte: Erdmutter-Kulte. Von der Venus von Willendorf bis zum Kultwagen von Strettweg – was als Fruchtbarkeitskult erscheint, ist im Ursprung ein Kult der Erdmutter. Das Empfinden der Erde als lebendiges Wesen muß unseren Ahnen ein Gespür für besondere Punkte vermittelt haben: für besondere Orte der Kraft, an denen der Pulsschlag der tragenden und nährenden Erdmutter besonders deutlich fühlbar war. Es ist kein Zufall, daß die Zeugnisse früher Kulte an solchen Orten zu finden sind. Es sind Orte, die offensichtlich unter ganz bestimmten Kriterien gewählt wurden. Mit welchen Hilfsmitteln die Schamanen unserer Ahnen diese Orte wählten und ob sie überhaupt Hilfsmittel benötigten, wissen wir nicht. Mit der Wünschelrute läßt sich aber den Energieströmen und ihren Verknotungen an den Kraftplätzen auf die Spur kommen.

Das Wort „Radiästhesie" ist jung. Es wurde 1930 vom französischen Pfarrer Bouly erstmals gebraucht und stellt die lateinisch-griechische Kombination aus „radius" (Strahl) und „aisthanomai" (empfinden, fühlen) dar: Strahlenfühligkeit also. Die Wünschelrute ist im Gegensatz zu diesem Wort uralt. Die Gründeräbte der mitteleuropäischen Klöster, speziell in der Zeit der Gotik, tragen die Wünschelrute in ihrem Wappen. Und so haben wir einen sehr guten Grund für die Annahme, daß das Wissen um die Orte der Kraft und um ihre Wirkung einen kontinuierlichen Bogen von der Steinzeit und der Megalithkultur über die Äbte der mittelalterlichen Klöster bis zu uns Heutigen spannt. Welcher Wert diesem Wissen zugemessen wurde, war von der Geisteshaltung der jeweiligen Epoche abhängig. Romanische Kirchen finden wir seltener an Orten mit besonderer geomantischer Qualität und wenn, dann hatten diese Plätze den zusätzlichen Vorteil einer strategisch günstigen Lage. „Eine feste Burg ist unser Gott" war das Leitmotiv der Romanik, und oft genug mußte die Kultstätte tatsächlich ihre Funktion als Burg, als Festung, erfüllen.

Ganz anders in der Gotik: Der Geist ist alles, die Materie muß ihm weichen. Klar, daß diese Haltung voller Bereitschaft dafür war, die immaterielle Qualität des Ortes zu erkennen, zu erfassen und als Reizelement wie als Kraftquelle für den allumfassenden Geist zu nutzen.

Kirchen stehen oft an Orten, die uralte Kultplatztradition aufweisen. Und oft genug dürfte wohl gerade diese Tradition den Anstoß für einen Sakralbau gegeben haben: Da war ein Platz, welcher der oberflächlich christianisierten, im inneren Wesen aber noch der Erdmutter oder anderen „praktischen" Gottheiten verhafteten Bevölkerung heilig war. Also tat man mit dem Platz das gleiche wie mit dem Volk – er wurde getauft. Dem Platz und seinen Eigenschaften tat das keinen Abbruch.

Geomantie und Genius loci

Wasseradern, Erdstrahlen, Störzonen – das sind Begriffe, die in den letzten Jahrzehnten (wieder) zu einem Allgemeingut geworden sind. Auch wenn die Naturwissenschaft damit noch nicht viel anfangen kann, ist für die meisten Menschen klar: Von der Erde geht etwas aus, das uns beeinflußt, das mit unserem Organismus in energetischer Wechselwirkung steht und bei Mensch und Tier – und wohl auch bei Pflanzen – Wohlbefinden oder Beeinträchtigung bewirkt. Wer schlecht schläft, wird heute nicht mehr belächelt, wenn er diesen Umstand auf den Standort des Bettes zurückführt. Die Qualität des Ortes ist (wieder) zu einem anerkannten Faktum geworden. Sie war es schon zu jener Zeit, als unsere Vorfahren große Steine auf die Kreuzungen der Energielinien stellten.

Geomantie geht einen Schritt weiter als die Radiästhesie. Die „Energieströme“ oder „Energiezentren“ sollen nicht nur gefunden werden, sie sollen im gestalterischen Tun bewußt und als bestimmendes Element miteinbezogen werden, um vorhandene Harmonie zu verstärken und negative Einflüsse abzuwehren. Die „richtigen“ Orte für Steinkreise und Menhire, für Tempel und Kirchen zu finden und diese dann so zu gestalten, daß die Qualität des Ortes zur Qualität des Kultplatzes wurde – das war oder ist Geomantie. Es scheint, daß unsere Ahnen bei der Wahl ihrer Kultplätze einem unsichtbaren Kraftfeld folgten, das sich in gewissen Ausformungen von Landschaftselementen zeigen kann. Es kann aber auch sein, daß sie in geübter oder ungetrübter Sensibilität die Qualität des Ortes erfühlen konnten. Routinierte Wünschelrutengeher erklären oft, daß sie nach einer gewissen Zeit das Gefühl für die Energieströme der

Erde so weit verfeinert hätten, daß sie eigentlich auf die Krücke, die Wünschelrute, verzichten könnten. Eine Sensibilität, die vielleicht zu unserer sinnlichen Grundausstattung gehört, aber durch die Reizüberflutung unseres Zeitalters verschüttet wurde?

Wenn es um den Begriff „Erdstrahlen“ geht, ist eine gewisse Vorsicht angebracht. Es ist ein Begriff, der modern und deswegen lukrativ als Zugpferd für jede Menge Geschäftemacher ist. Da gibt es Matratzen mit Kupfereinlagen, die das Krebsrisiko durch „Erdstrahlen“ oder „Wasseradern“ unter dem Bett eliminieren sollen, Geräte zur Abschirmung von „Störfeldern“ und kompliziert erscheinende „Entstrahlungseinrichtungen“. Mit all dem wollen wir uns nicht belasten. Der Begriff „Erdstrahlen“ ist zu allgemein, zu sehr ein Sammelbegriff für alles Mögliche und sicher auch einiges Unmögliche. Schauen wir also etwas genauer, was sich hinter diesem Begriff verbirgt, und wie wir die Spreu des Trends vom Weizen des Überlieferten und Nachvollziehbaren trennen können.

Was man gemeinhin als „Erdstrahlen“ bezeichnet, ist ein Bündel von ortsabhängigen Schwankungen aus Radioaktivität, Magnetfeld, elektromagnetischen Strahlungen – wozu auch die Wärmestrahlung aus dem Erdinneren zu zählen ist –, Mikrowellen aus dem Weltall und Vibrationen aus den Bewegungen im flüssigen Erdkern. Gerade was das letztere betrifft, vergessen wir nur zu oft, daß wir auf einer dünnen, festen Schale über einem gewaltigen Schmelzbad stehen.

Die Radioaktivität ist meßbar, das Magnetfeld steht außer Zweifel – auch wenn man noch nicht weiß, welche Auswirkungen es auf den Organismus der Erdbewohner hat. Daß es Einfluß ausübt, zeigen uns die Brieftauben, die sich nach dem Magnetfeld der Erde und dem Sonnenstand orientieren können, ohne mit einem Kompaß ausgerüstet zu sein. Wie sie das machen, haben sie uns noch nicht verraten. Die Archäologie nutzt allerdings seit einiger Zeit den Bodenmagnetismus gemeinsam mit der Luftbildfotografie, um unter der Erde verschwundene Bauwerke aufzuspüren.

Ein wesentlicher Schritt, um den ungenauen Begriff „Erdstrahlen“ faßbarer zu machen, war die – wohl auf dem überlieferten radiästhetischen Wissen basierende – Entdeckung des Globalgitternetzes durch den deutschen Arzt Dr. Ernst Hartmann. Es besteht aus einem eng liegenden Gittersystem von Reizstreifen, das sich sowohl in Nord-Süd- als auch in Ost-West-Richtung erstreckt und in verhältnismäßig kurzen Abständen von einigen wenigen bis einigen hundert Metern Gitterpunkte bildet. Die Reizstreifen liegen nicht nur in der Ebene, sondern zeigen auch eine räumliche Ausdehnung bis in beträchtliche Höhen über der Erdoberfläche. Die jeweiligen Rechtecke zwischen den Globalgitterpunkten sind in Bezug auf Strahlung neutral. Auch wenn sich das Globalgitternetz mit annähernder Regelmäßigkeit über den gesamten Globus erstreckt, ist die Intensität doch unterschiedlich.

Mit physikalischen Methoden ist das Globalgitternetz bisher nur teilweise nachweisbar. Allerdings sind sich geübte Rutengeher einig: Eine geopathogene Zone – eine Verwerfung in der Erdkruste beispielsweise – fällt meist mit einer Unregelmäßigkeit des Globalgitters zusammen. Eine solche Verwerfung – und auf ähnliche Weise eine Bruchlinie oder eine Wasserader – verändert das gesamte Strahlungsspektrum am darüberliegenden Ort. Der ständige Strom von thermischen Neutronen aus dem Erdinneren wird abgelenkt, gestreut oder gebündelt, das elektrochemische Potential ist vor allem an Rändern von Wasseradern deutlich höher als in einem ungestörten Globalgitterfeld.

Für Dr. Ernst Hartmann als Arzt waren vor allem der Einfluß seiner Entdeckung auf die menschliche Gesundheit und die Möglichkeiten der Gesundheitsvorsorge durch Einbeziehung dieser Aspekte von Bedeutung.

Zur Beantwortung der Frage, warum Kultplätze an bestimmten Orten errichtet oder eingerichtet wurden, ist das Globalgitternetz allein zu wenig. Nebenbei bemerkt, ist es auch für alle anderen Fragestellungen nur ein Teilaspekt. Aber immerhin: Auch isoliert gesehen dient das Globalgitternetz als Erdbeben- und Wetterindikator.

Etwa 24 Stunden bevor ein atmosphärisches Tief wetterwirksam wird, kann man es mit einem Geigerzähler an einer Globalgitterkreuzung bereits feststellen: Die Gammastrahlung, ein Teil der natürlichen Radioaktivität, steigt dann nämlich genau auf den Kreuzungspunkten auf den doppelten Wert. Die „Wetterfühligkeit" mancher Menschen dürfte in gewisser Weise damit zusammenhängen. Befindet sich nämlich die Schlafstelle einer Person mit bestimmten Leiden genau über einer Globalgitterkreuzung, kann die erhöhte Gammastrahlung mit Sicherheit zu einer kurzfristigen Verschlechterung des Leidens führen.

Erdbeben kündigen sich in der Struktur des Globalgitternetztes etwa 12 Stunden vor ihrem Auftreten an. Allerdings kann man den betroffenen Ort an der Erdoberfläche dadurch nicht lokalisieren. Man kann lediglich sagen, daß ein Beben stattfinden wird, aber nicht, wo.

Die Messungen von Dr. Hartmann in neutralen Feldern und auf Kreuzungspunkten zeigen über die atmosphärisch bedingten Schwankungen der Strahlungsintensität hinaus bemerkenswerte tageszeitliche Schwankungen. Gegen den späteren Nachmittag hin nimmt die natürliche Radioaktivität der Erde kontinuierlich ab. Zu jener Tageszeit also, wo die meisten Menschen ihr „Leistungstief" haben und mit Stimulantien – Kaffee oder Zigarette – versuchen, darüber hinweg zu turnen. Aus der Biophysik weiß man, daß Strahlung im Mikrowellenbereich einen starken Einfluß auf das Energiepotential und das energetische Gleichgewicht lebender Strukturen ausübt. Ein Zusammenhang zwischen beiden Erscheinungen dürfte naheliegend sein.

Wenn ein einzelner Aspekt aus dem Bündel von Strahlungen und Strömungen aus der Erde unter unseren Fußsohlen schon solche Auswirkungen haben kann, wie sehr muß das erst der Fall sein, wenn sich an einem Ort durch irgendwelche Umstände mehrere davon kreuzen, bündeln oder sonstwie überlagern? Durch verschiedenste Einflüße sind wir geneigt, alles, was mit dem Begriff „Erdstrahlen" zusammenhängt, als potentiell negative Beeinflussung aufzufassen. Aber wie alles, hat auch der „Pulsschlag von Mutter Erde" zwei Seiten. So gibt es zwar negative Reaktionen auf gewisse Strahlungsphänomene, aber genauso gibt es positive. Die Kultplätze unserer Ahnen befinden sich schließlich nicht auf neutralen, sondern auf besonders „starken" Orten.

Die Schlange und das Ei

Bei der Frage nach der Qualität, die einen bestimmten Ort nach den Ansprüchen unserer Vorfahren für einen Kultplatz prädestinierte, stoßen wir zuerst einmal auf die Wasseradern. Anfang der Dreißigerjahre unseres Jahrhunderts vermuteten die beiden französischen Archäologen Merle und Diot, daß alle prähistorischen Bauten Frankreichs von Untergrundströmen umgeben seien. Diese Behauptung dürfte der Anstoß gewesen sein, sich mit der Frage nach den Kriterien für die Platzwahl von Kultbauten auf neuzeitlich-wissenschaftlicher Ebene auseinanderzusetzen. In der Folge entdeckte man, daß die Langgräber aus der Megalithzeit parallel zu einem Grundwasserstrom ausgerichtet sind. In England, wo sich die prähistorischen Monumente unübersehbar darbieten – Stonehenge kennt jeder – und offensichtlich den Forschergeist beflügelten, kam es zu den ersten systematischen Untersuchungen von Kultplätzen. R. A. Smith, Leiter der Abteilung für „British and Roman Antiquities" am Britischen Museum in London, stellte im Jahr 1939 fest: Im Zentrum jeder prähistorischen Kultstätte gibt es einen Punkt, an dem sich mehrere Untergrundströme kreuzen. Oder andersherum gesehen und gesagt: Von diesem Punkt aus breiten sich Ströme strahlenförmig aus. Er nannte diese Punkte „Blind Springs", blinde, unsichtbare Quellen. Und er benannte damit ein Phänomen, das über Jahrtausende hinweg von immenser Bedeutung gewesen sein dürfte.

Bei seiner radiästhetischen Untersuchung alter englischer Kultstätten und weniger alter englischer Kirchen stieß Smith regelmäßig auf Kreuzungen zumindest zweier Ströme. Bei einer Reihe von Orten fand er die „verborgene Quelle“ genau im geometrischen Mittelpunkt des Sakralbaues.

Smith sah die Strömungslinien nur als Wasseradern. Das lag nicht an seinem Blickwinkel, sondern am damaligen Stand der geophysikalischen Forschung. Heute ist man einige Schritte weiter und kann eine Vielzahl von Strömungsformen identifizieren. Neben den Wasseradern, die im wesentlichen Grundwasserströmungen entsprechen, gibt es in der Reihe der Primärphänomene noch die Aquastate. Das sind Strömungsverläufe, die den Wasseradern zwar ähnlich erscheinen, aber keine sind. Sie führen nämlich kein Wasser. Trotzdem münden sie häufig in „blinde Quellen", oft im Verein mit Wasseradern. Allgemein wird Wasseradern ein negatives Reizpotential zugeschrieben, während die Aquastate positive Reaktionen auslösen. Das mag auch ein Grund dafür sein, daß sich der Verlauf von Aquastaten oftmals an der Erdoberfläche nachvollziehen läßt: Als Wege, die von Menschen und von Tieren instinktiv gewählt werden. Ausgeprägte Wildwechsel beispielsweise zeigen fast durchwegs den Verlauf eines Aquastats an.

Die Wasseradern sind für die Radiästhesie von besonderer Bedeutung. Kein Wunder, möchte man meinen. Sieht man den Radiästheten, den „Rutengeher“, doch in erster Linie als Platzanweiser für Brunnenbohrer. Das ist kein Nachteil – es zeigt die lebenswichtige Funktion dieser oft mit respektvoller Skepsis begegneten Wissenschaft.

Für die Rutengeher ist es nichts Neues, daß Form und Intensität der „Reizstreifen“ regelmäßigen Schwankungen unterworfen sind. Manche der Linien verändern ihre Ausprägung im Verlauf des Tages. Die Querverbindung zur abnehmenden Gammastrahlung über Globalgitterpunkten ist unübersehbar. Als wahrscheinliche Ursache kann man die unterschiedliche Sonneneinstrahlung im Tagesverlauf annehmen. Andere Linien verändern ihre Ausformung und Strahlungsintensität gemäß den Mondphasen. Vor allem Wasserlinien und deren wasserlose Entsprechungen, die Aquastate, zeigen bei Vollmond ein deutlich ausgeprägteres Bild als bei Neumond. Im gesammten Bündel der Erdstrahlungsphänomene wurde bisher kein einziges gefunden, bei dem Veränderungen nicht mit astronomischen Einflüssen zusammenhängen.

Die schamanischen Erbauer früher Kultstätten haben über diese Zusammenhänge mit Sicherheit Bescheid gewußt. Der Rhythmus des „erdmütterlichen Pulsschlages", der sich für uns als Muster im Energiefeld der Erde zeigt, war für sie der Wegweiser. Die Beziehung zu diesen Linienmustern, die Platzwahl und die Ausrichtung der Sakralbauten, ist unübersehbar. Das Muster zieht sich von den Monumenten der Megalithkultur über die Gotik bis zur Renaissance. Dann verschwimmt es und verschwindet in der Sakralarchitektur unserer Zeit fast völlig.

Aber bleiben wir bei denen, die die Kraft des Ortes noch zu nutzen wußten.

Eine Zeichenkombination läßt sich ähnlich wie das offensichtliche Wissen um die Energieströme und den Pulsschlag der Erde quer durch die Zeiten verfolgen: Schlange und Ei. Man findet die Darstellung als Felsritzzeichnung in entlegenen alpinen Gegenden genauso wie an den Tempeln der Azteken, an verborgenen Stellen christlicher Kirchen wie an buddhistischen Tempeln. Im – grafischen – Charakter immer der jeweiligen Kultur und Kulturstufe entsprechend, aber unverkennbar.

Das Ei läßt sich als Träger der Fruchtbarkeitssymbolik zweifelsfrei einordnen. Obwohl man bei nicht zu engstirniger Betrachtung um die Frage nicht herumkommt: Ging es dabei nur um die „organische" Fruchtbarkeit im Zuge von Fortpflanzung und Nahrungsversorgung – oder haben wir es mit einem chiffrierten Hinweis auf eine ganz andere und ebenso wichtige Fruchtbarkeit zu tun?

Das Ei als Quelle des Lebens ist ein Faktum. Die „Blind Springs", die „verborgenen Quellen", das Zentrum aller „starken Plätze" – auch das ist ein Faktum! Der Zusammenhang wird klar durch die Schlange.

Die Schlange gilt in der christlich-jüdischen Symbolik als die Verführerin; sie animiert Eva zum Biß in den Apfel und zur ersten „Sünde". Durch die Schlange ist somit das Böse in die Welt gekommen, die Schlange ist quasi der Teufel selbst. Andrerseits wird aber die

Schlange, die sich am Stock oder Kreuz hochwindet, zum Symbol für die Heilung, für die Erlösung.

Das Bild der Schlange ist vielgestaltig. In vielen Kulturen gilt sie als Symbol der kosmischen Energien, als Ausdruck der schöpferischen Kraft. Weil sie meist zweigeschlechtlich – als Zwitterwesen – interpretiert wird, steht sie für jene Götter, die aus sich selbst heraus schaffen. Die Ureinwohner Australiens verehren die gefiederte Schlange als „Göttergeist"; der hinduistische Gott Wischnu ruht auf der Weltenschlange Ananta. Im Buddhismus gibt es die legendären Nagas, Halbgötter mit Schlangenleib, die lange vor den Menschen auf der Erde gewesen sein sollen.

Im gallischen Dialekt heißt die Schlange „Wouivre". Spricht man das Wort langsam vor sich hin, merkt man deutlich seine lautmalerischen Eigenschaften. Wouivre – so nannten die Gallier die sich über den Erdboden hinschlängelnden Wesen. Ebenso nannten sie die Flüsse, die sich hinschlängeln. Und nicht nur die Flüsse an der Erdoberfläche – auch die unterirdischen Ströme, die in schlangenhaften Windungen die Erde durchziehen. Die letzteren nennt man heute tellurische Ströme. Tellurische Ströme aber münden meist in „verborgene Quellen".

Schlange und Ei – tellurische Ströme und „Blind Springs"; Erdströmungen, die in Wellen einem Kraftzentrum zustreben und sich dort kreuzen, überschneiden, bündeln. Die so einfache Felsritzzeichnung wird, auf diese Weise dechiffriert, zum Träger einer Botschaft, die es wahrlich „in sich" hat!

Und um gleich noch eine Frage anzuhängen: Maria als Jungfrau mit dem Fuß auf dem Kopf der Schlange – soll das nur die „andere Eva" darstellen? Jene, die der Schlange nicht auf den Apfel hereinfällt, sondern ihr, wie es so schön heißt, den Kopf zertritt? Oder läßt diese seit dem Barock so häufig zu findende bildhafte oder plastische Darstellung auch noch eine andere Interpretation zu? Nahm da vielleicht jemand ein gängiges Zitat aus der Apokalypse des Johannes her, um in der Abbildung des Unverfänglichen eine ganz andere Botschaft zu verpacken?

Das Geheimnis des Punktes

„Das Untere gleicht dem Oberen, und das Obere dem Unteren, zur Vollendung der Wunder des Einen." – Was auf der Tabula Smaragdina, der „Smaragdtafel" des Hermes Trismegistos, im 8. Jahrhundert unserer Zeitrechnung eingemeißelt und in der Folge zum Leitsatz der Alchemie wurde, dürfte den alten Europäern schon seit der Jungsteinzeit als Selbstverständlichkeit gegolten haben. Denn auch die Erdströme, die Wouivres, haben „oben" ihre Entsprechung: Ströme, die wir heute als kosmische, magnetische oder elektromagnetische Ströme oder Strahlungen bezeichnen. Unsere Ahnen stellten sie genauso dar wie die Chinesen, die Indonesier oder die Inkas – als geflügelte Schlangen oder schlangenähnliche Vögel. Wo sich Erdströme und kosmische Ströme trafen, sah man einen Ort besonderer Fruchtbarkeit.

Wo immer man die Motive für den Kult auch suchen mag, immer ist die Fruchtbarkeit ein zentrales Anliegen. Denn die Fruchtbarkeit ist die Voraussetzung für den Weiterbestand des Lebens – für das *Über*leben. Aus Erfahrung wußte man, daß es der Fruchtbarkeit förderliche Strömungen genauso gab wie solche, die sie hemmten. Letzteren wich man aus. Im Bereich der Strömungen, wo Pflanze, Tier und Mensch gedeihen, ließ man sich nieder und begann mit der Landwirtschaft. Die fruchtbarkeitsfördernden Ströme markierte man. Zuerst wahrscheinlich mit Stöcken, bald aber und dauerhafter mit aufgerichteten Steinen oder Steinblöcken. Die Menhire waren somit nicht einfach aus kultischem oder gar ästhetischem Bedürfnis in die Landschaft gestellte Phallussymbole. Sie hatten einen praktischen Zweck. Und wer die in der Steiermark noch stehenden Menhire aufsucht, merkt: Sie stehen auf einem Boden, der seit ältester Zeit Ackerboden ist.

Über die bloße Markierungsfunktion hinaus dürften die Menhire als eine Art Antenne gewirkt haben. Die hoch aufgerichteten Steine sollten die kosmischen Strömungen einfangen oder die Strahlung der Erdströme mit jener der kosmischen Strömungen in Verbindung bringen. Die meisten heute noch auf ihrem ursprünglichen Platz stehenden Menhire befinden sich genau auf einer Globalgitterkreuzung, die oft von einer Reizzone durchschnitten wird. Der Steinblock in seiner langen, hoch aufragenden Form wirkt an einer solchen Stelle als Verstärker. Menhire sind, aus diesem Blickwinkel gesehen, keine Kultbauten oder Kultplätze im eigentlichen Sinn.

Sie markieren Plätze mit betont positiven Charakter und sollen die positiven Eigenschaften in besonderem Maß auf sich ziehen. Die Steine sollen mit den tellurischen und kosmischen Strahlungsverhältnissen in Resonanz treten und sie durch ihre Eigenschwingung verstärken. Ein Vorgang übrigens, der das Um und Auf unserer heutigen Informationstechnologie ist: Ohne der Eigenschwingung eines „Steines“, des Quarzkristalls, könnten wir von Computer bis Handy so ziemlich alles vergessen.

Die Häufung von Menhiren in Steinkreisen kann mit diesem praktischen Zweck jedoch nicht befriedigend erklärt werden. In diesem Fall geht es mit Sicherheit um mehr. Um was genau, darüber herrscht nur Einigkeit im Rätselraten. Vom Standpunkt der Geomantie gesehen sind es Orte besonderer Kraft: Kreuzungen oder Bündelungen von Kraftlinien, meist in Verbindung mit einer „verborgenen Quelle“. Also das, was Schlange und Ei symbolisieren: ein heiliger, ein heilender Ort. So ein Ort wurde nicht als Kultplatz gewählt, er wurde gefunden – von Kundigen als Ort besonderer Weihe erkannt. Heute nennt man solche Orte Wallfahrtsorte oder Gnadenstätten. Wenn man sie aufsucht, dann deswegen, weil man dort etwas findet, das stärker, durchdringender, unmittelbarer ist als sonstwo. Es sind Orte, wo Initialerlebnisse möglich sind und die Lebensenergie wie aus einer Quelle sprudelt.

In den Gründungslegenden von Wallfahrtskirchen finden wir immer wieder Hinweise auf die besondere Qualität des Ortes und die Forderung der Gottheit oder des Heiligen, das Heiligtum genau an diesem speziellen Platz zu errichten. Das stellte die Erbauer häufig vor Probleme. Denn oft bot dieser Ort immens schwierige Verhältnisse für einen Kirchen- oder Kapellenbau. Nur wenige Meter daneben wären die Umstände wesentlich günstiger und der Bau bedeutend einfacher gewesen. Aber der ökonomische Weg ist nicht der Weg der Heiligkeit. Gingen die Erbauer den einfacheren Weg, ging ihnen – beispielsweise – das Gnadenbild verloren. Es tauchte genau an der ursprünglich bezeichneten Stelle wieder auf.

Man kann in diesen Legenden einen Hinweis auf das uralte Wissen der Geomantie finden. Die Kraft ergibt sich aus der Harmonie. Die Energie der „Schlangenlinien” läßt sich dort in Quellen fassen, wo sich der Sakralbau harmonisch in die „Gunst des Ortes“ einfügt. Heilige Stätten setzen ein besonderes energetisches und geistiges Milieu in Raum und Zeit voraus. Für eine Kontaktstelle zu höheren Sphären, zum Übersinnlichen, gelten andere Bedingungen als für die Landschaftsarchitektur.

Das Geheimnis der Richtung

Es gibt eine Reihe von Untersuchungen, die der Verbindung zwischen einzelnen Kultplätzen auf der Spur sind. In England, wo sich ein besonderes Feingefühl für diese Phänomene zeigt, nennt man diese Verbindungslinien „Leys“ oder „Ley-lines“. Kultstätten – der Einfachheit halber nehmen wir diesen allgemeinen Begriff – sind gewissermaßen Instrumente aus Stein. Sie treten mit lokalen Strahlungsphänomenen in Resonanz, verdichten Strömungen und verstärken tellurische und kosmische Energien. Sie sind im wahrsten Wortsinn Energieknoten. Der Strick zwischen den Knoten – das sind die „Ley-lines“.

Diese Linien sind keine bloße Theorie. Man findet sie an alten Grenzen. Steinmonumente, Kirchen, Kapellen und selbst Hügelformationen folgen den Mustern dieser Linien. Und vor allem folgen ihnen natürliche Wege. Entlang der Verläufe von Erdkraftlinien tritt die natürliche Vegetation zurück. So wird das Gelände leichter begehbar – und so entstanden die alten Pilger-, Wallfahrts- und Handelswege. An ihren Kreuzungen, und damit auf Kreuzungspunkten von Erdkraftlinien, errichtete man Steinmale, Menhire und später, im Verlauf der Christianisierung, Wegkreuze.

Es ist kein Zufall, daß im Volksglauben, in Mythen und Legenden den Wegkreuzungen besondere Eigenschaften zugeschrieben werden. An den Wegkreuzungen erscheinen Ahnen, Feen und Kobolde. Über wichtige Dinge berät man an Wegkreuzungen, und je mehr Wege sich kreuzen, um so machtvoller und mystischer ist der Ort.

Eine Wegkreuzung ist unter solchen Voraussetzungen ein urreligiöser Ort. Tatsächlich bedeutet das lateinische „religio“ Verbindung oder, genauer, Wiederverbindung (von *re-ligare*).

Verbindung heißt aber auch Austausch, heißt: ein Fließen. Strahlung und Strömung ist nie etwas Statisches. Es ist etwas, das ständig in Bewegung ist. Die Wouivre stehen nicht; sie entstehen erst durch ihre Bewegung. Eine Schlange, die sich nicht schlängelt, ist tot. Eine Welle ohne Schwingung ist ein eigenschaftsloser Punkt. Wenn aber die Wallung der Mutter Erde wie ein universeller Pulsschlag empfindbar wird, kann sich Geist mit Geist verbinden. Diese Vermählung sahen unsere Vorfahren als Einweihung. Für die Schamanen unserer Ahnen war die Einweihung das Ziel langwieriger und sorgfältiger Initiationsriten.

Im Christentum nennt man diesen Zustand den „Stand der Gnade“. Dieser Zustand hat nichts mit Wissen oder besonderen Kenntnissen zu tun. Wenn er erreicht ist, wenn der Suchende – ob Schamane der Megalithzeit, keltischer Druide oder Christ – die „Einweihung“ empfangen hat, geht die Erfahrung über das Wissen hinaus: Die Erfahrung des Eingebundenseins in die Harmonie des vollkommenen Zusammenspiels der Naturkräfte. Der Eingeweihte ist am Ort der Kraft dem Geist verbunden. Es ist eine Form der Wiedergeburt.

Das frühe Christentum hatte für diesen Zustand ein tieferes Empfinden als das heutige. Die Mystik der Gotik schrieb keine Abhandlungen über die Wiedergeburt aus dem Heiligen Geist, sie strebte nach ihrer Erfahrung. Und sie schöpfte aus einem Wissen, das über die christlichen Glaubenssätze hinausging.

Die Ausrichtung der christlichen Sakralbauten war bis zum späten Mittelalter grundsätzlich genau von Ost nach West. Unserer Wahrnehmung nach dreht sich die Erde von West nach Ost. Die Gestirne, Sternbilder und natürlich die Sonne – sie alle scheinen von Osten nach Westen über den Himmel zu wandern. Die Erde dreht sich als Gesamtheit, also mitsamt ihrer Lufthülle. Aber etwas wird als präsent empfunden, das sich nicht mitdreht: *Aether* nannten es die alten Griechen, die Alchimisten sprachen vom *Spiritus mundi*, die Kelten stellten es als *geflügelte Wouivre* dar, eine bildhafte Entsprechung zur *Großen Himmelsschlange* der östlichen Mythologien. An sich unbewegt, wird dieses Phänomen durch die Bewegung der Erde zu einem Strom – einem Lebensstrom mit Wirkung auf alle Wesen.

Von diesem Strom kann man sich treiben lassen. Man verhält sich dem Strom gegenüber passiv. Man kann sich der Strömung aber auch entgegenstellen. Das tut der Mensch, der sich eins weiß mit dem Geist. Er hält dem Lebensstrom sein Gesicht entgegen, geht auf ihn zu, läßt sich von ihm durchfluten. Mit ausgebreiteten Armen und offenen Händen nimmt der Betende den Segen in sich auf. Mit dem Gesicht gegen Osten; denn der Strömung den Rücken zu kehren, hieße ihren Segen verschmähen. Deshalb sind die Kirchen so orientiert (im direkten Wortsinn: orientiert!), daß der Betende vor dem Altar nach Osten blickt.

Tempel, Natur und grosse Steine

Wer einen Tempel baut, hat einen Grund dafür. Wer darauf verzichtet, auch. Grob gesehen, kann man das frühzeitliche Europa nach diesen beiden Kriterien einteilen: In die Tempel bauenden Kulturen der Mittelmeergebiete und die nicht Tempel bauenden des mitteleuropäisch-atlantischen Raumes.

Aber wie jede Einteilung hat auch diese ihre Schwachstellen. Zumindest gilt sie nur bis zur Durchdringung des mittel- und westeuropäischen Raumes mit der römischen Imperialkultur. Das beste Beispiel dafür sind die Kelten. Es war dem keltischen Weltbild völlig fremd, ja es lief ihm geradezu zuwider, eine Gottheit in einem geschlossenen Raum zu verehren. Tempel der Kelten war die Natur, das Gewölbe des Tempels der Himmel, seine Wände heilige Bäume. Gleiches gilt für die germanischen Stämme. Aber während die Germanen die Römer immer als fremdes und feindliches Element sahen, waren die mitteleuropäischen Kelten ab einem bestimmten Zeitpunkt geneigt, ihre Kultur mit jener der Römer zu vermischen. Die keltische Oberschicht begann, ihren Göttern Tempel zu bauen. So erhielt die Göttin Noreia, die „steirische" Mutter- und Totengöttin, ihre Tempel auf dem Frauenberg oder bei Neumarkt, und selbst dem keltischen Wettergott Uxlemitanus wurde in Brunn bei Fehring ein Opferplatz errichtet.

Um beim Isis-Tempel auf dem Frauenberg bei Leibnitz zu bleiben: Dieser Kultplatz dürfte spätestens ab dem 4. vorchristlichen Jahrhundert eine Hauptkultstätte der keltischen Steirer gewesen sein. Über etwa 500 Jahre hinweg wurde dort inmitten der Natur, eines Haines oder einer Sakralarchitektur, von der wir nichts wissen, Noreia verehrt. Dann ließ die keltische Oberschicht, die primär aus Geldadel bestand, immer mehr an römischem Einfluß zu. Flavia Solva wurde als römische Stadt gegründet. Etwa zur Zeit der Verleihung des Stadtrechtes, um das Jahr 70, ging man daran, auch die keltische Göttin zu romanisieren. Aus Noreia wurde Isis Noreia, und wie es einer römisch adaptierten Göttin zustand, bekam sie ihren Tempelbau. Im römischen Stil natürlich und höchstwahrscheinlich von einem römischen Bautrupp errichtet. So wurde aus der

Erdmutter Noreia eine römisch-keltische Oberschichtgöttin. Für die illyrisch-keltisch-slawische Bevölkerungsmehrheit dürfte sie ab diesem Zeitpunkt nicht mehr besonders interessant gewesen sein. Dieses bäuerliche Volk hatte sicher seine eigenen Kultplätze und seine eigenen Kulte, hielt an der Erdmutter fest und sich sowohl von den Römern wie von deren Modeströmungen fern.

Dieses Beispiel soll zeigen: Kultplatztradition ist oft genug gekennzeichnet von Überlagerung und Okkupation. Wenn es um die christliche Überlagerung vorchristlicher Kultstätten geht, ist uns dieser Umstand geläufig. Aber, wie Noreia und Isis Noreia zeigen, passierte es auch schon vor der Christianisierung. Und sicher haben die Kelten ihrerseits Kultplätze der Illyrer keltisiert, so wie die keltischen romanisiert wurden.

Der Qualität eines Kultplatzes tut die Art und Form des Kultes, der an ihm geübt wird, kaum einen Abbruch. Der Geist des Ortes ist vom Religionsbekenntnis unabhängig. Und bei der Vielzahl der „starken" Plätze betrifft die Tradition der Anpassung und des Überbauens immer nur einen Teil, meist immer denselben Teil. Es sind besonders attraktive, besonders bekannte Plätze in günstiger oder beherrschender Lage. Die vielen „kleinen" Plätze, nur gekennzeichnet durch einen Loch- oder Schalenstein, durch einen Steinkreis oder dessen Überbleibsel, sind davon kaum betroffen.

Aber: Wenn wir uns einen Überblick über die Formen des an den Kraftplätzen geübten Kultes, dessen Motive und Vorstellungen verschaffen wollen, dürfen wir nicht bei Kelten und Römern beginnen. Wir müssen zurück in der Zeit, viel weiter zurück.

Urangst und Urmutter

Kultische Handlungen dürften eines jener Kriterien sein, die den Menschen vom Tier unterscheiden. Sie resultieren aus dem Begreifen der eigenen Vergänglichkeit und dem Bestreben, sie auf irgendeine Weise zu überwinden. Urangst vor dem Vergehen und die Auflehnung gegen das Naturgesetz der Vergänglichkeit – das ist es, was unter allen Wesen dem Menschen vorbehalten ist. Er erkennt das Los alles Lebenden, will es aber nicht teilen. Mit aller Kraft und jedem Mittel ging und geht der Mensch gegen die Unabänderlichkeit der Endlichkeit an. Mit in Felsen geritzter Bildmagie und mit Computertomographie will er dem Tod ein Verbotsschild aufstellen; mit Religion und Philosophie will er ihm die Endgültigkeit nehmen;

und selbst die Liebe nimmt den Tod nicht hin und sucht nach Brükken ins Reich der Verstorbenen.

Kein Wunder, daß die ältesten Spuren kultischer Handlungen im Zusammenhang mit der Totenehrung zu finden sind. Schon im mittleren Paläolithikum, vor etwa 40.000 bis 100.000 Jahren, bestatteten die Neandertaler ihre Verstorbenen in sorgfältig ausgehobenen Gruben und ehrten sie mit Tieropfern. Letzteres läßt darauf schließen, daß der Leichnam als eigenständige Wesenheit gesehen wurde. Durch Opfer sollte sie bei Laune gehalten werden; man wollte sich ihre positive Zuwendung sichern.

Im Jungpaläolithikum – bis etwa 10.000 v. Chr. – sind schon überall in Europa Hinweise auf einen ausgeprägten Totenkult zu finden. Auch in der Steiermark wurden die Archäologen fündig – in der Drachenhöhle bei Mixnitz, im Zigeunerloch bei Gratkorn und in einer Reihe weiterer Höhlen. Aus dem Vergleich mit Funden in anderen Regionen und Ländern läßt sich zwar bei weitem kein vollständiges Bild von den kultischen Handlungen der Steinzeit-Steirer gewinnen, aber es gibt genug Stoff für begründete Vermutungen.

Wahrscheinlich war es üblich, die Toten innerhalb der Wohnhöhlen zu bestatten. So blieben sie im Familienverband, der damals einzigen sozialen Gruppierung. Begräbnisstätte dürfte zumeist der Platz unter der Feuerstelle gewesen sein. Der magisch-belebenden, lebenerhaltenden und zugleich verzehrenden Wirkung des Feuers in Verbindung mit der Wesenhaftigkeit der toten Ahnen haben die Menschen sicher eine hohe Bedeutung für das Schicksal – Gesundheit, Jagdglück, Fortpflanzung – zugemessen. Das zeigt sich auch darin, daß rund um diesen Platz Zeichen angebracht wurden, denen man magische Bedeutung zuschreiben kann. Mit Blut, der pulvrigen Substanz aus getrocknetem Blut oder, wo in der Natur vorhanden, mit Ocker wurden die Toten und in späterer Folge die Ruhestätten bestrichen oder bestreut. Die Farbe Rot und die rote Farbsubstanz galten als Lebenssymbol, und wahrscheinlich schrieb man der Farbe des Blutes und des Feuers eine magische, eine belebende Wirkung zu.

Eine Wirkung, die man durchaus als „Auferstehungshoffnung" ansehen kann. Ein Symbol für diese Hoffnung ist auch die Kaurimuschel. Sie war von Südrußland bis Westeuropa verbreitet und dürfte bei der Bestattung auf die Leiche gelegt worden sein: Als Abbild der Vulva, die für die Geburt von neuem Leben steht.

Der Zusammenhang zwischen Geburt und Tod führt zum nächsten Schritt: zur Verehrung einer abstrakten Urmutter. Die ersten plastischen Darstellungen, die ersten Zeugnisse menschlichen Kunstschaffens zeigen in idolhafter Form die Urmutter. Natürlich gibt es immer wieder Stimmen, die behaupten: Der urzeitliche Jäger hätte eben dargestellt, wonach ihn gelüstete. Das sei eine füllige Frauenfigur gewesen. Mit Kult hätte weder die Venus von Willendorf noch die Rote von Mauern etwas zu tun. Ernst zu nehmen ist eine solche Argumentation jedoch nicht. Vielmehr zeigt dieser Ausdruck der Verbindung von Kunst und Kult, daß für unsere steinzeitlichen Vorfahren Alltag, Mystik und Kult eine Einheit bildeten. Die Trennung zwischen Profanem und Sakralem war noch unbekannt. Und so dürfen wir getrost die Darstellung des Weiblichen als Idole eines Ahnmutter- und Erdmutterkultes betrachten. Einerseits als Ausdruck der Wertschätzung für die Frau als Urmutter des Stammes; andrerseits und darüber hinaus die Mutter als Gebende übertragen auf die gebende Erde.

Neben den Frauenbildnissen treten in Höhlendarstellungen bald auch solche von Tieren oder von Tier-Mensch-Wesen auf. Letztere zeigen die einheitliche Auffassung von allem Sein, das Wissen um die Verbundenheit von Mensch und Tier in einem Gesamtsystem. Ein Wissen, das sich unsere Zeit langsam und mühevoll wieder anzueignen beginnt, nachdem es über Jahrhunderte hinweg sein Dasein in den Märchen fristen mußte. Im Märchen verwandeln sich Menschen in Tiere und umgekehrt; im Märchen gibt es keine Trennung in Kultur und Natur.

Ab einem bestimmten Zeitpunkt hörte sich der Brauch, die Toten in der Wohnhöhle zu bestatten, auf. Möglich, daß die Höhlen durch das Anwachsen der Zahl der Sippenmitglieder zu eng dafür wurden. Möglich aber auch, daß der Kult eine Weiterentwicklung erfuhr. Wahrscheinlich, daß beides eine Rolle spielte.

Höhlen, die natürlichen Schlupflöcher, waren bis zur Jungsteinzeit zugleich Wohnung, Lagerplatz und Kultstätte. Alles spielte sich auf diesem meist engen Raum ab. Für uns durch Funde und Ausgrabungen real faßbar ist aus dieser frühen Vorzeit der Geschichte nur wenig: Plastiken und Faustkeile, Ritzzeichnungen und Malereien an den Wänden der Höhlen, Knochen von Wild und Höhlenbären.

Aber weil jeder Mensch irgend etwas besonders gut kann und dem Talent die Spezialisierung an der Ferse klebt, dürften sich innerhalb einer Sippe neben den Jägern, den Beerensammlern, den Feuermachern und den Wasserholern auch bald die Schamanen als Spezialisten etabliert haben.

Magie und Ritual hatten eine Funktion als Begleiter des Menschen bei Geburt, Reife und Tod. Die Toten als Gewesene und in gewissem Sinn als dem Leben Überhöhte waren diejenigen, die aus der Position der Überhöhung dem Schamanen Wissen vermittelten, ihm Botschaften zukommen ließen und durch ihn Forderungen an die Sippe stellten.

Die Begräbnisstätte außerhalb des Wohnbereichs der Sippe wurde zum Mittelpunkt eines Kultes, in dem sich die enge Gemeinschaft einer Sippe oder eines Sippenverbandes über die Zäsur des Todes hinaus fortsetzte.

Der Kult der grossen Steine

Charakteristisch für die Jungsteinzeit, das Neolithikum – etwa vom 6. Jahrtausend bis 1800 v. Chr. – sind die Nekropolen: Gruppen von Hügelgräbern als auffällige, übriggebliebene Zeugen einer Kulturepoche. Wir finden sie über ganz Europa verteilt, vom Schwarzen Meer bis in die Bretagne. In der Steiermark bespielsweise gibt es die Sulmtalnekropole oder eine große Zahl von Tumuli im Raum St. Peter am Ottersbach. Diese Grabhügel sind eindrucksvoll für uns Heutige und waren wahrscheinlich für den Kult der Damaligen von höchster Bedeutung, aber sie sind nicht die einzigen Zeugen dieser Kultur. Denn eine Mehrzahl der Schalensteine, Loch- und Rutschsteine und der über ganz Europa verbreiteten Menhire und Dolmen dürfte aus dieser Kulturstufe stammen, aus der Megalithkultur.

Es gibt eine Vielzahl von Phänomen im Zusammenhang mit der Megalithkultur. Alle stellen sie uns vor offene Fragen. Die Menschen wußten noch nichts vom Eisen und seiner Verarbeitung und waren weitgehend auf Steinwerkzeuge angewiesen. Trotzdem setzten sie Steine von gigantischen Ausmaßen in Bewegung und vollbrachten dabei Leistungen, die selbst mit unseren heutigen Möglichkeiten großartig bis nahezu unmöglich wären. Die „Tischplatte" eines Dolmen bei Carnac wiegt etwa 300 Tonnen. Sie wurde aus über 100 km Entfernung dorthin gebracht und auf zwei senkrechten Stützsteinen plaziert. Wie die atlantischen Ureuropäer das geschafft haben, wird uns wohl immer ein Rätsel bleiben.

Eine weitere Frage ist jene, welche die offensichtlichen Kenntnisse der Astronomie aufwirft. Stonehenge, der wohl berühmteste Megalithbau, ist genau nach astronomischen Vorgaben angelegt. Aber auch in der Steiermark haben wir Beispiele für die Kalenderfunktion der Megalithbauten. Der überwiegende Teil der Lochsteine in der Oststeiermark war – und wenn die Steine nicht versetzt wurden, sind sie es noch – nach den Jahreszeitenpunkten ausgerichtet. Durch das Loch jeweils eines Steines scheint die Sonne bei ihrem Aufgang genau am 21. März, 21. Juni, 23. September und 21. Dezember. Der Lochstein auf der Erzherzog-Johann-Höhe bei Vorau beispielsweise ist genau nach dem Sonnenaufgang am Johannistag ausgerichtet.

Die Megalithkultur hatte ihre Wurzeln im Totenkult der mittleren Steinzeit. Die frühesten Zeugnisse dieser paneuropäischen, aber noch vorindogermanischen Kultur sind die Steinplatten- und Ganggräber. Man findet sie in verschiedenen Ausformungen vom Jordantal über die türkische Halbinsel, die Inseln im Mittelmeer – vor allem Kreta, Zypern und Malta – bis zur iberischen Halbinsel, von der französischen Atlantikküste und den britischen Inseln über Dänemark und quer durch Europa bis Südrußland. Die Ruhestätten der Toten waren für die Ewigkeit gedacht und gebaut. Es ist nicht verwunderlich, daß man dafür wesentlich mehr an Aufwand trieb als für die Wohnstätten der Lebenden. Schließlich dürfte die durchschnittliche Lebenserwartung damals um die 30 Jahre betragen haben. Man hatte den Blick auf die Stätte gerichtet, die man für immer bewohnen sollte. Das zeitliche Heim war unter diesem Aspekt nur eine Zwischenstation. Für die Hinterbliebenen lebten die Toten in ihrer festen Behausung im Schoß der Erdmutter. Auf geheimnisvolle Weise wiedergeboren lebten sie dort und bezogen aus der engen Gemeinschaft mit der Urmutter große Macht. Fürsorge, Verehrung und Opfergaben hielten sie gewogen und sicherten ihren Beistand den Lebenden. Wer seine Ahnen vernachlässigte, mußte mit Unheil rechnen. So wurde das feste, auf die Ewigkeit ausgerichtete Grab zum Mittelpunkt des

Das 1997 entdeckte und noch ungeöffnete Steinplattengrab in der Nähe von Stubenberg.

Kultes der Ahnen und der Über-Urahnin, der die Ahnen bergenden Erdmutter.

Dieser Umstand hob die Bedeutung der Erdmutter zur unumschränkten Herrscherin über alles Werden und Vergehen. Hier liegt die Wurzel für die Dualität Fruchtbarkeitsgöttin – Todesgöttin, die für alle Kulte und Kulturen ein bestimmendes Leitbild wurde. Demeter und Isis, Aphrodite und Noreia – sie alle zeigen die Züge der universellen Erdmutter. Wahrscheinlich ist dieses Göttinnenbild dasjenige, das dem Wesen des Menschen am nächsten liegt und seinem Urbedürfnis entspricht. Selbst das Christentum trug diesem Umstand Rechnung und verlieh der Gottesmutter Maria deutliche Züge der Erdmutter. Und es ist nicht verwunderlich, daß in weiten Teilen der christlichen Welt Maria quasi als Göttin verehrt wird. Dogma hin, Dogma her – die „Mutter der Gnaden“ ist für das archaisch dominierte religiöse Ur- und Unterbewußtsein die Erdmutter. Wie sie heißt, ist eher zweitrangig.

Die ältesten Megalithgräber fand man im Jordantal. Sie sind zwischen 12.000 und 17.000 Jahre alt und damit lange vor jener Zeit entstanden, in welcher Moses Stämme nomadisierender Israeliten in das „Gelobte Land“ führte. Allerdings wissen wir aus der Bibel, daß Moses und seine Nachfolger heftig gegen die „Steinverehrung“ ankämpfen mußten. Der Prophet Jeremias verrät uns sogar, daß es in Kanaan eine Erdmutter-Göttin gegeben haben dürfte: „Die da sprechen zum Baum: Du bist mein Vater, und zum Stein: Du hast mich geboren...” waren diejenigen, gegen die der Prophet zu Felde zog.

Jakobs Traum von der Himmelsleiter ist nicht weniger aufschlußreich. Er machte an einem Stein ein Nickerchen, erwachte und erkannte, daß „der Herr an diesem Ort war“. Wir dürfen annehmen, daß Jakob auf einer „blinden Quelle” geschlafen hatte und die Qualität des Ortes genauso fühlte wie die Schamanen und Druiden an jedem heiligen Platz der Welt. Jakob tat sodann auch nichts anderes als diese: Er stellte den Stein auf, salbte ihn mit Öl und nannte ihn „Bethel“, also „Haus Gottes“. Der Gott El der Kanaäer wurde in Gestalt eines Menhirs verehrt. Und das Fettopfer – das Aufbringen von Öl oder Fett auf den Menhir als Zeichen der Fülle – finden wir über die Jahrtausende hinweg bis fast in die heutige Zeit.

So vermittelt uns die Bibel, an die man im Zusammenhang mit der Megalithkultur wohl am wenigsten denkt, Anhaltspunkte für unsere Suche nach den Kultformen und -gebräuchen unserer ureuropäischen Ahnen.

Die Verbreitung der Megalithkultur als Ausdruck einer Art „Heilslehre“ mit dem Mittelpunkt Ahnen- und Erdmutterkult, aber auch einer tiefen Einsicht in grundlegende Naturvorgänge, dürfte mit dem Aufkommen der Seefahrt einerseits und der Seßhaftwerdung mit den Anfängen der bäuerlichen Kultur andrerseits in einem engen Zusammenhang stehen. Die Seefahrt war sicher die Voraussetzung für die Verbreitung über den Mittelmeerraum und einen Großteil Europas. Auch im Binnenland ging die Verbreitung von den schiffbaren Flüssen wie Rhone, Rhein oder Donau aus. Nicht vergessen darf man allerdings, daß diese Verbreitung nicht von heute auf morgen passierte – zwischen den ersten Spuren der Megalithkultur im Jordantal und der Errichtung der Monumentalbauten in Südengland und in der Bretagne liegen fast 10.000 Jahre! – und mit Fakten zusammenhing, die wir nicht nachvollziehen können. Es mögen Wanderungsströme gewesen sein oder die Handelsverbindungen über die Salzstraßen und die Bernsteinstraße. Wir wissen, daß es Kontakte zwischen den einzelnen Stämmen und Völkern gegeben hat. Näheres darüber wissen wir nicht.

Jedenfalls: Die Aussicht auf ewiges Leben im Schoß der Erdmutter zog die Völker in ihren Bann und konfrontierte sie mit der Notwendigkeit einer dauerhaften Grabstätte. Die Gleichheit der Motivation führte dennoch zu Unterschieden in der Ausformung. Zu gewaltigen Unterschieden – wenn man bedenkt: Die Pyramiden im ägyptischen Niltal sind derselben Motivation zu verdanken wie die Grabhügel, Steinplatten- und Ganggräber in Mitteleuropa. Verschiedene Umwelt- und soziale Bedingungen, die Art des Steinmaterials und ältere religiöse Vorstellungen sind die Ursachen für die Unterschiede.

In Ägypten konnte sich der Totenkult ab dem 3. Jahrtausend auf ein straff organisiertes, zentralistisches Staatswesen stützen. In Mittel- und Westeuropa war der Staatsgedanke zu dieser Zeit völlig unbekannt. Es gab nur Stammesgebiete und Stammesfürsten, wenn auch mit unterschiedlich großen Einflußbereichen. Trotzdem ist – über das Motiv hinaus – ein gemeinsames Phänomen zu bemerken. Wie der Totenkult scheint auch seine materielle Umsetzung ins Gigantische zu wachsen. Die Tendenz zeigt sich nicht nur bei den Pyramiden des ägyptischen Pharaonenstaates, sondern auch bei den Menhiren der Europäer.

Der Menhir tritt nicht nur in einer einzigen Form auf. Als mäßig konischer und an der Spitze oval abgerundeter Steinpfeiler wird er auf Grabstätten gestellt oder direkt im Grabhügel auf die Grabplatte.

In seltenen Fällen steht er auch neben dem Grab. Die rohen, langen, quaderförmigen Blockpfeiler dagegen wurde zu Kreisen oder Reihen angeordnet und dienten zu kultischen Zeremonien, wohl auch in Verbindung mit astronomischen Aufgaben und Funktionen. Kult und Astrononomie dürften ohnehin die Aufgabe derselben sozialen Gruppe gewesen sein. Die Schamanen, Priester, Druiden oder wie man sie auch nennen mag waren mit Sicherheit diejenigen, die über Kult, Magie, technisches Wissen und astronomische Kenntnisse verfügten, diese Werte innerhalb ihrer exklusiven Gruppe bewahrten und nur in diesem Rahmen an sorgfältig Ausgewählte weitergaben. „Wissen ist Macht" dürfte ein Slogan sein, der schon in jener Zeit seine Gültigkeit bewies.

Und Macht innerhalb des Sozialgefüges benötigten die Schamanen, um ihren Vorstellungen zur gigantisch-steinernen Wirklichkeit zu verhelfen. Der „Glaube, der Berge versetzt" war gewiß auf eine entsprechende Infrastruktur angewiesen, um bis zu hunderte Tonnen schwere Steinblöcke zu bewegen.

Der Hang zum Kolossalen mit seinem immensen Aufwand für die Toten zeigt über die Jahrtausende hinweg. Der Mensch hatte sich entschlossenen, der Endlichkeit zu trotzen und sie zu überdauern. Das inbrünstige Verlangen nach Unsterblichkeit war die Wurzel der Kultur. Kultur enthält schon im Wortstamm den Kult.

Auch wenn die Behauptung in manchen Ohren seltsam klingen mag: Die Megalithkultur der Jungsteinzeit kennzeichnet die revolutionärste Epoche der Menschheitsgeschichte. Alles, was danach kam, war entweder logische Weiterentwicklung oder Dekadenz durch Weiterentwicklung über den Maximalstandard hinaus und dem damit verbundenen Verlust der Wurzeln. Das Samenkorn für das, was wir heute unsere Kultur nennen, wurde mit der Megalithkultur gesät. Die nomadischen oder nomadisierenden Jäger, Sammler und Fischer begannen mit der Gründung fester Siedlungen. Bis zu diesem Zeitpunkt hatten sie sich die von der Natur angebotene Nahrung je nach Verfügbarkeit angeeignet. Nun aber begannen sie, der Natur auf die Finger zu schauen und die erkannten Bedingungen und Abläufe gemeinsam mit der Natur in einer geplanten Weise zu beeinflussen und für sich zu nutzen. Kurz gesagt, sie wurden seßhaft, Ackerbauern und Viehzüchter. Die Voraussetzungen dafür waren von der Natur bestimmt. Es mußte Wildgetreide geben, und es mußten Wildschafe oder Wildziegen und idealerweise auch Wildrinder vorkommen. Das war – auf Mitteleuropa bezogen – in den großen Beckenlagen der Fall. In der Steiermark sind die ältesten

Siedlungsräume die Hügellandschaft der Ost- und Weststeiermark und das Aichfeld. Mit etwas Abstand folgen die breiten Täler im Verlauf der Salzstraße aus dem Salzkammergut. Der Besiedlungsverlauf ist nur bedingt nachvollziehbar. Es dürfte aber kein schlechter Ansatz sein, zwei Richtungen in Betracht zu ziehen: Einerseits den Donauraum und andererseits den Balkan. Eine der ältesten stadtähnlichen Siedlungen im europäischen Binnenland wurde in Starcevo bei Belgrad ausgegraben. Man datiert sie etwa ins 6. bis 7. Jahrtausend v. Chr. und kann Spuren der – nach dem Hauptfundort so benannten – Starcevo-Kultur bis nach Ostungarn verfolgen. Nicht vergessen darf man in diesem Zusammenhang, daß im nordwestlichen und im alpinen Europa die Vereisung nach der letzten Eiszeit erst ab dem 9. Jahrtausend zurückwich. Ein Vergleich mit der Entwicklung in Mesopotamien oder im Jordantal muß diesen Umstand berücksichtigen.

Der Bauer als Ackerbauer und Viehzüchter war die Basis der Zivilisation. Der Bauer war nach den Schamanen wohl der nächste, der die Kausalzusammenhänge zwischen Geschlechtsakt, Zeugung und Geburt begriff und das Geheimnis von Saat und Ernte durchschaute. Damit fühlte sich der Mensch ausreichend gestärkt, um sich den Mächten der Natur an die Seite zu stellen. Er war nicht länger nur ein Teil der Natur, er begann sie zu manipulieren.

Auf der einen Seite gewann der Mensch Bewußtsein als geistiges und mitschaffendes Wesen. Die Erkenntnis der Fähigkeiten auf der einen Seite führte aber zu einem gesteigerten Empfinden der Gefährdung und des Ausgeliefertseins auf der anderen Seite. Es ist kein Wunder, daß die Religion in bäuerlichen Gesellschaften immer höchsten Stellenwert hat. Die ersten ausgeprägten Religionen kamen denn auch im Gefolge der Seßhaftwerdung und des beginnenden Bauerntums.

Erdmutter, Stiergott und Blitzstein

Die Vorstellung der befruchteten, gebärenden, gebenden und dem Kreislauf entsprechend wieder nehmenden, aufnehmenden und bergenden Erdmutter als archaische Fruchtbarkeits- und Totengöttin war für die bäuerlichen Europäer von gleicher Aktualität wie für die nomadisierenden Jäger und Sammler. Die Urmutter symbolisiert den immerwährenden Kreislauf des Werdens, Wachsens und Vergehens. Der Einblick in einzelne Mechanismen dieses Kreislaufs förderte aber die Vorstellung: Fruchtbarkeit kommt nicht von selbst. Es muß befruchtet werden.

Befruchtung ist ein Geben. Geben ist für den, der nicht im Überfluß hat, ein Opfer. Gegen Ende manch harten Winters mag es für die Bauern ein hartes Opfer gewesen sein, das für die Saat gesparte Getreide nicht anzurühren und weiterzuhungern. Diese direkte praktische Erfahrung und das Begreifen des Zeugungsvorganges schärfte den Geist für die Erkenntnis: Es gibt nicht nur einen Gabenfluß in eine einzige Richtung. Jedes Nehmen verlangt ein Geben. Dieses Denken war dem Jäger und Sammler kaum geläufig. Es ist ein Denken des Bauern. Der Jäger und Sammler nimmt, was da ist. Der Bauer erntet, was er zuvor gesät hat – oder: was zuvor durch Befruchtung zum Lebengeben animiert wurde.

Wenn aber Mensch und Tier Befruchtung brauchen, dann wohl auch die Erdmutter selbst. Natürlich ist das Ziehen der Ackerfurche und das Einbringen der Saat ein offensichtlicher Befruchtungsakt. Darüber hinaus war es aber für das Gleichgewicht der religiösen Vorstellung unabdingbar, der Erdmutter einen befruchtenden Partner zuzugesellen.

Im Laufe der Zeit war die Erdmutter immer mehr zur Göttin geworden. Der Kult der alles dominierenden weiblichen Gottheit, der „Fraugott", wird in Bildnissen und Idolen offensichtlich. Er zeigt aber auch den Trend zur Personifizierung der bislang in der Erde selbst präsenten Erdmutter. Die Fruchtbarkeits- und Totengöttin macht eine dynamische Entwicklung durch – von der Wesenhaftigkeit zur Persönlichkeit. Durch die verliehene menschliche oder menschenähnliche Gestalt wird sie ansprechbar und, die große Hoffnung des Menschen, in seinem Sinne beeinflußbar. Der Mensch bekam eine Göttin, die er anrufen, zu der er beten, die er mit Opfern und Kulthandlungen auf sich und seine Anliegen aufmerksam machen und gewogen stimmen konnte.

Im Mittelmeerraum wurde das sexuell potenteste bekannte Wesen, der Stier, in einer göttlich überhöhten Form zum befruchtenden Partner der Muttergöttin. Wie sich diese Partnerschaft im Kult offenbarte, davon können wir uns seit den Ausgrabungen der neolithischen Stadt Catal Hüyük („Hügel am Scheideweg") am Rand der südanatolischen Hochebene ein verhältnismäßig detailliertes Bild machen. Diese jungsteinzeitliche Siedlung geht in ihren Anfängen bis in das 8. Jahrtausend zurück. Der Holländer James Mellaart grub in den Jahren 1961 bis 1963 offensichtlich genau das Priester- und Tempelviertel der Stadt aus. Ein Glücksfall, daß er im schätzungsweise 17 Hektar großen Stadtareal genau diesen Punkt fand. Denn wenige Jahre später unterband die türkische Regierung weitere Forschungen und ließ diese Stätte mit dem nachvollziehbaren Übergang zwischen Jäger- und Bauernkultur der Verwüstung durch Raubgräber anheimfallen. Was Mellaart allerdings schon gefunden hatte, war sensationell genug. Es war der erste historisch greifbare Tempelbezirk, geweiht der Erdgöttin und dem Stiergott.

Von den über 100 freigelegten Räumen waren mehr als die Hälfte Schreine. Reich mit Wandmalereien und Plastiken dekoriert, mit Opfergaben wie Steingeräten oder Bündeln von Kornähren versehen – und immer wiederkehrend die Kombination Große Göttin – Stierhaupt. Die Göttin ist vorwiegend als Plastik oder Reliefskulptur dargestellt: Eine nackte, schematische Gestalt mit gespreizten Armen und Beinen. Der stark betonte Nabel streicht ihre Funktion hervor, die Haltung könnte jene einer Gebärenden sein. Unterhalb der Göttin findet sich durchwegs der Stierschädel oder auch eine Häufung von Stierhäuptern. Der Kopf ist aus Gips gebildet, aber mit echten Rinderhörnern versehen. Die Hierarchie ist offensichtlich, die Göttin steht weit über dem befruchtenden Stiergott. Man könnte mit etwas Mut zur Spekulation aus diesem mythologischen Faktum Rückschlüsse auf die soziale Hierarchie innerhalb der neolithischen Gesellschaft ziehen: Die Frau als Gebärende, als Magna Mater der Sippe, über dem Mann stehend?

Die Verehrung des Stiergottes als Partner der Großen Erdmutter findet man später im gesammten Mittelmeerraum. Europa mit dem Stier ist legendär, wenn auch eine Spätform. In der griechischen Antike hatte sich das zumindest bestehende Gleichgewicht zwischen den Geschlechtern – wenn nicht überhaupt der Überhang Richtung Matriachat – schon zum Stier verlagert: Gott Zeus erscheint in Stiergestalt, und er ist bei aller Brünstigkeit zweifelsfrei göttlich.

In den Schreinen von Catal Hüyük fand man außer dem Abbild des Stiergottes auch modellierte Widderköpfe mit echten Hörnern. Sie erscheinen als Vorläufer der Wetter- und Fruchtbarkeitsgötter jener Völker, die sich einige Jahrtausende später aus der südrussischen Ebene auf den Weg nach Europa machten. Verschiedene Darstellungen zeigen die Große Göttin selbst mit Attributen, die sowohl den gebenden und nährenden als auch den furchterregenden, nehmenden Aspekt betonen: Eberhauer und Geierschnabel, die aus ihren Brüsten ragen, oder Eberschädel, denen Brüste anmodelliert wurden. Es gibt gewisse Parallelen zu Statuetten aus dem iranischen Hochland, wo die Große Mutter zwar mit den Händen unter den Brüsten – als Nahrung Spendende –, aber mit einem Schlangenkopf dargestellt wird.

Die Vielzahl der Schreine im Tempelviertel von Catal Hüyük enthielt eine Vielfalt von Hinweisen auf die Göttinnenvorstellung jener Zeit. Sie stammen aus einem Zeitraum von etwa eineinhalb Jahrtausenden – von 7000 bis 5600 v. Chr. – und umfassen alle denkbaren Erscheinungsformen der großen Muttergottheit, vom Idol der Urzeit bis zu den funktionalen Göttinnen der historischen Religionen. Und selbst die letzte Personifikation der Göttin in der christlichen Madonna kündigt sich in den Darstellungen bereits an. Nur grob überarbeitete Geröllsteine bilden die ansatzweise Idee des schwangeren Leibes. Daneben findet sich die Plastik der weiblichen Doppelfigur mit dem bereits vorhandenen Konzept der mädchenhaften Muttergöttin: Demeter und Kore der griechischen Mysterienreligionen drei Jahrtausende vor Homer!

Europa mit dem Stier
(Römisches Relief, Lapidarium Schloß Seggau)

Der Stiergott blieb ein vorwiegend mediterraner und nahöstlicher Gott und fand seine mythologische Fortführung bei den antiken Griechen, die ihn ihrem Göttervater Zeus als Zweitgestalt zuordnen, und im römischen Mithras-Kult. In Mitteleuropa kam man angesichts der Forderung nach einem Befruchter für die Erdmutter statt direkt auf den Stier auf die offensichtlichste aller Naturgewalten, den Blitz. Ein Blitz, der in die Erde einschlägt – das dürfte für den neolithischen Europäer das Symbol für den Geschlechtsakt der Erdmutter mit der universellen Urgewalt gewesen sein. Reste dieser Vorstellung finden wir fallweise noch heute und in der Überlieferung des Volksglaubens verankert: in Gestalt der „Blitzsteine".

Beim Pflügen fanden Bauern manchmal etwa faustgroße Steine mit einem kreisrunden Loch in der Mitte. Steinäxte, die vor Jahrtausenden bei der Arbeit verlorengingen oder unter Umständen als Opfer auf dem Acker vergraben wurden. Jedenfalls nimmt unser Volksglaube an, daß diese Steine entstehen, wenn der Blitz in die Erde schlägt. 18 Jahre soll es sodann dauern, bis sie an die Erdoberfläche steigen. Für den Finder eines solchen Blitzsteines bedeutet der Fund großes Glück. Vergräbt man den Blitzstein unter der Schwelle des Stalles, wird das Vieh gedeihen und vor jeder Seuche und jedem Schadenzauber verschont bleiben. Wer von einer Hexe mit einem Fluch belegt wurde, benötigt den Blitzstein, um davon wieder loszukommen. Er muß den Blitzstein unter der Türschwelle des Hexenhauses vergraben. Geht die Hexe darüber, fällt sie tot um, und der Fluch oder Zauber ist aufgehoben. Wer jedoch in weiser Voraussicht bei der Errichtung seines Hauses einen Blitzstein unter der Herdstelle vergräbt, ist vor jedem Zauberbann und dem Bösen Blick gefeit.

Teil eines „Blitzsteines",
gefunden in der Oststeiermark.

Der befruchtende Blitz wurde in der weiteren Entwicklung natürlich personifiziert und zum – oft auch mit den Attributen des Stiers versehenen – Gott. Wie die Personifizierung höherer Mächte überhaupt der Ausgangspunkt für die Mythologie jeder Kultur ist.

Der mädchenhafte Aspekt, die Phase der Reifung, ist einer, der die Personifizierung der Erdgöttin voraussetzt. Bis dahin sah man deren Präsenz in den beiden entgegengesetzten Polen Fruchtbarkeit und Tod. Mit der Personifizierung bekommt die Erdgöttin ein drittes Gesicht. Sie ist nun die dreigestaltige Frau: Göttliche Jungfrau, gebende Muttergöttin, nehmende und bergende Totengöttin. Als weibliche Trinität findet sie in der Mythologie der Kelten, Germanen, Etrusker und slawischen Völker ihren festen Platz. Denn mit dem dritten Gesicht der Erdgöttin treten auch bald zwei Völkerverbände in das Licht der Geschichte, die Kelten und die Germanen, die „nordischen" Kinder von Erdmutter und Donnergott.

Die dreigestaltige Göttin

Mit ihren drei Gesichtern steht die Erdgöttin bereits an der Schwelle zur Zeitenwende. Ihre große Zeit begann etwa um das ausgehende 8. und frühe 7. vorchristliche Jahrhundert und reichte durchwegs bis zur Konfrontation mit dem Christentum. Also in den meisten Gegenden Mittel- und Westeuropas bis in das 8. und 9. nachchristliche Jahrhundert. Deshalb haben wir von der Göttin mit den drei Gesichtern fundierte schriftliche Zeugnisse. Wie immer natürlich aus römischer Quelle und sie betreffen vor allem den Mythos der dreigestaltigen Göttin bei den Kelten.

An dieser Stelle ist ein kurzer Ausflug zu Geschichte und Verbreitung des Keltentums nötig. Die Kelten waren in den letzten 600 vorchristlichen Jahren das bestimmende Element in Mitteleuropa. Woher sie kamen und wie sie derart großen Einfluß erlangen konnten, liegt im Dunkel der Geschichte und im Halbschatten des Mythos. Sie waren es, die mit ihrer Kunstfertigkeit und Erfindungsgabe Europa aus der Bronzezeit zur Eisenzeit führten, sie entdeckten den Nutzen des Eisens und die Grundzüge seiner Verarbeitung. Die Hallstattzeit sah mit ihren Zentren Hallstatt und Dürrnberg bei Hallein die erste Hochkultur im alpinen Raum und strahlte über ganz Europa aus. Die Kelten pflegten enge Handelsverbindungen zum aufstrebenden römischen Imperium. Mit dem „norischen Eisen" aus dem Königreich Noricum, das sich im Wesentlichen mit dem Gebiet der heutigen Steiermark und einem Großteil Kärntens deckt, und mit Salz aus den Bergwerken von Hallstatt und Hallein hatten sie Handelswaren allererster Güte anzubieten. Dennoch brachten sie die Römer und wohl den Rest Europas immer wieder zum Zittern. Denn sie waren nicht nur von hoher Kunstfertigkeit, sie waren auch heldenhafte Krieger. Der Name „Kelten“ kommt nicht von ungefähr von „Helden“. Dieser kriegerische Zweig plünderte Rom und Delphi, war in einer straffen Militäraristokratie organisiert und brachte Europa zwischen dem Balkan und den britischen Inseln für 400 Jahre unter seinen Einfluß.

Aus diesen Fakten läßt sich ersehen, daß „die Kelten“ kein einheitliches Sozialgefüge bezeichnen kann. Es gibt zwei Hauptlinien: Die von den römischen Geschichtsschreibern ausführlich dokumentierten kriegerischen Kelten, und eine andere Gruppe. Diese ist es, die für unsere Betrachtungen von größter Wichtigkeit ist. Sie befaßte sich mit der Landwirtschaft, bestand verwiegend aus Bauern und Handwerkern und schloß sich friedlich mit den Stämmen der Megalithkultur zusammen. Auf den südlichen Ostalpenraum bezogen heißt das: die Kelten verschmolzen weitgehend mit den Illyrern. Von der Weltanschauung her gab es sicher keine Probleme. Die matriarchalischen Züge des keltischen Weltbildes paßten genau auf jene der megalithisch-illyrischen Erdmutter. Dieser Umstand weist auf einen charakteristischen Zug des keltischen Wesens – alles wurde mit Neugier aufgenommen, analysiert und weiterentwickelt. Letzteres mit einer solchen Perfektion und Kunstfertigkeit, daß unter der keltischen Schale der ursprüngliche Kern oft kaum mehr erkennbar war. Sie borgten die Grundzüge, die Ideen, und adaptierten sie mit unverkennbar keltischem Geist. Das betrifft Technik und Handwerk, aber genauso verschiedene Elemente der Mythologie.

Obwohl uns die Schriften der antiken Römer und Griechen ein Bild von diesem vielseitigen, kunstsinnigen und kriegerischen Volk vermitteln, bleiben die Ursprünge weitgehend im Dunkeln. Die Hallstattkultur und wenig später die La-Tène-Kultur im Schweizer Alpenraum sind erste Manifestationen der keltischen Kultur. Dem aktuellen Forschungsstand nach dürfte es die Kelten als homogenen Kulturverband jedoch bereits seit Anfang des zweiten vorchristlichen Jahrtausends gegeben haben. Wie die später im nördlicheren Europa dominanten Germanen, kamen sie aus dem indogermanischen Kernraum, der im Bereich um das Kaspische Meer angenommen wird. Der Weg dürfte sie entlang der Donau und etwa um das Jahr 1000 in den Raum des heutigen Böhmen geführt haben. Das fünfte und vierte vorchristliche Jahrhundert war die Blütezeit, das „Goldene Zeitalter” der Kelten. Um 500 v. Chr. entrissen sie den Karthagern Spanien, ein Jahrhundert später standen sie den Etruskern bei der Eroberung Norditaliens tatkräftig zur Seite. Noch heute zeigen dort einzelne Ortsnamen den keltischen Einfluß. Und schließlich soll der römische Dichter Vergil ein Kelte gewesen sein. Seine Liebe zur Natur, zur Mystik und der Ausdruck in einer kunstvollen Sprache: das sind typisch keltische Eigenschaften und nicht jene der materialistischen Römer. Übrigens: Der Name Vergil bedeutet „sehr hell“, „glänzend“. Wir dürfen annehmen, daß das seinem Aussehen entsprach: Blond, vielleicht mit einem Stich ins Rötliche oder Bräunliche, heller Teint, graublaue Augen – und jeder Art von Schmuck und ornamentaler Zierde sehr zugetan. Genau so beschrieben nämlich die römischen Geschichtsschreiber die charakteristischen Äußerlichkeiten der Kelten.

Was andere Charakteristika der Kelten betrifft, meint der Historiker Polybius, die strenge Disziplin, wie sie bei den Germanen herrsche, finde man bei den Kelten nur in den Bereichen Religion und Magie. Hier beugten sie sich bedingungslos den Forderungen der Druiden. Alles andere hätten sie mit Leidenschaft getan, emotional, extrovertiert, künstlerisch besessen über die Grenzen der Vernunft hinaus. So bietet sich das Bild zumindest dem römischen Geschichtsschreiber. Ja, und dann erwähnt er noch, daß die Keuschheit, wie man sie von den Germanen kenne, nicht zu den Eigenschaften der Kelten zähle.

Von den Inhalten und Ursprüngen ihrer weltanschaulichen und metaphysischen Konzepte, die jenen der Römer wohl bei weitem überlegen waren, konnten die römischen Historiker nichts wissen. Selbst heute kennen wir nur die Ansätze und das aus viel jüngeren Aufzeichnungen aus Irland. Die Wurzeln des Keltentums als Kulturgemeinschaft und Kulturepoche liegen in den Mysterien ihrer geheimen Kulte verborgen. Sie wurden niemals schriftlich festgehalten, obwohl ihre Träger, die Druiden, im Alltag die griechische und römische Schrift benutzten. Weitergegeben wurden sie nur mündlich, in kunstvollen Versen, und nur an Auserwählte, die einen bis zu zwanzig Jahre dauernden Weg von Prüfung, Erfahrung, Ausbildung und verschiedenen Stufen der Initiation auf sich nahmen.

Bei aller Wertschätzung für die römischen Chronisten, denen wir eine Fülle von Informationen verdanken, darf man eines nicht vergessen: Ihre Berichterstattung mag zwar in den Fakten objektiv sein, die Interpretation ist aber mit einiger Vorsicht zu betrachten. Immerhin beschrieben die Chronisten ein Volk, das, wenn schon nicht immer dezidiert feindlich, so doch durchwegs ängstlich oder eifersüchtig beäugt worden ist. Und natürlich verwendeten die römischen Schriftsteller die ihrem Leserkreis geläufigen Bezeichnungen und

Götternamen. – Damit sind wir wieder bei unserer Dreigestaltigen Göttin.

Die Drei ist in der keltischen Mystik eine Zahl von hoher magischer Bedeutung. Die Drei ermöglicht nämlich den gleitenden Übergang zwischen den Gegensätzen.

Die Erdmutter durchläuft während des Jahres Perioden, die mit jenen des Lebens – nicht nur des Menschen, auch von Tier und Pflanze – gleichzusetzen sind. Es sind drei Abschnitte im Leben und demgemäß drei Jahreszeiten: Frühling, Sommer und Winter. Einen Herbst kannten die Kelten nicht.

Da ist die Zeit der Blüte und des Heranwachsens, der Frühling, der Mensch in der Blüte seiner Jugend. Die Erdmutter zeigt sich als blühende, verführerische Jungfrau, als *Weiße Frau*.

Dann folgt die Zeit der Reife, der schwellenden Frucht, der Geburt und der Ernte. Der Mensch steht in seiner schaffenden und schöpfenden Periode. Es ist Sommer im Jahreslauf – und die Erdmutter ist die *Rote Frau*.

Werden schließlich die Tage immer kürzer, kommt für die Natur und das Leben die Zeit der Ruhe und des Schlafes. Der Winter zeigt den Stillstand in der Erstarrung des Frostes und die Erdmutter als Göttin des Todes, als *Schwarze Frau*.

Unabhängig von der Vielzahl anderer Götter und Halbgötter ist die dreigestaltige Göttin, die Erdmutter in ihren periodischen Erscheinungsformen, die zentrale göttliche Wesenhaftigkeit. Der reich bevölkerte Götterhimmel ist eine Ansammlung funktionaler Götter. Ob Wettergott oder Handelsgott – es sind trotz regionaler oder individueller Unterschiede in der Gewichtung letzendlich nur „Hilfsgötter". Und selbst wenn über Legenden und dem – bei den Kelten ohnehin zu keiner Zeit besonders ausgeprägten – patriarchalen Gesellschaftsbild entsprechend ein Göttervater auftaucht, bleibt die Göttin mit den drei Gesichtern, die archaische Erdmutter, die eigentliche Gottheit. Oder anders gesagt: Sie hat mit dem ganzen Himmel voller funktionaler Götter kaum etwas zu tun. Sie steht für sich, sie steht darüber.

Die Göttin mit den drei Gesichtern ist nicht auf den keltischen Kulturraum beschränkt. Auch im slawischen Bereich zeigt sich die Erdmutter in drei jahrezeitlich und dem Lebenszyklus entsprechenden Gestalten. Die Weiße, Rote und Schwarze Frau hieß zur Zeit der christlichen Missionierung des slawisch dominierten Ostalpenraumes *Vesna* (die Göttin des Frühlings und des Wachstums), *Siwa* (die Göttin der Reife und der Fruchtbarkeit) und *Morana* (die Göttin des Stillstandes und des Todes). Es besteht kein Zweifel, daß es sich bei den drei Namen der slawischen Erdmutter nicht um jene dreier verschiedener Gottheiten handelt, sondern, genau wie bei den Kelten, die verschiedenen Namen nur die periodisch unterschiedlichen Wesenszüge ein und derselben Gottheit zum Ausdruck bringen.

Alle unsere heutigen – christlichen – Jahreszeitenfeste fallen auf Zeitpunkte, die ursprünglich den Jahreszeitenfesten der dreigestaltigen Erdmutter geweiht waren. Ostern zum Beispiel: Die erste Vollmondnacht nach der Tag- und Nachtgleiche des Frühlings war die Hochzeitsnacht der Erdmutter. Über die Kulte, die in dieser Nacht an den heiligen Stätten, an den Kraftplätzen, vollzogen wurden, gibt es jede Menge Spekulationen. Aber Wissen darüber gibt es nicht, bestenfalls bescheidenes Ahnen. Dieser Zeitpunkt war jedenfalls im Jahreslauf unserer Vorfahren von solcher Heiligkeit, daß ihn die christliche Mission, in ihrem Sinn modifiziert, übernehmen mußte. Das christliche Osterfest, das Fest der Auferstehung, des Eintretens in ein neues Leben, wurde somit auf den ersten Sonntag nach dem ersten Vollmond nach Frühlingsbeginn festgesetzt. Hochzeitsnacht der Erdmutter und christliche Osternacht – beide Feste haben ihren Höhepunkt in der Nacht. Das gilt genauso für die Weihnacht. Sie liegt im Kalender unmittelbar nach der Wintersonnenwende. Diese längste Nacht des Jahres aber war vor der christlichen Weihnacht die Heilige Nacht der Schwarzen Frau, der Göttin des Stillstandes, der Erstarrung. In slawischen Mythen geht Morana über das Land, und was ihrer ansichtig wird, erstarrt im Frost.

Die Dreigestaltigkeit der Göttin dürfte die Römer etwas verwirrt haben. Vor allem deshalb, weil sie in verschiedenen Regionen auch noch verschieden genannt wurde. Noreia im steirisch-kärntnerischen Raum, Raetia im Land um den Brenner, Brigid in der Bretagne und im Raum um den Bodensee.

Die steirisch-keltische Noreia wurde von den Römern als Isis identifizert. Isis zeigt zwar auch Züge der Göttin mit den drei Gestalten, die aber vor allem durch die mythologische Verbindung mit Osiris kaum mehr erkennbar sind. Die gallische Brigit, die von den Iren zur „Heiligen Brigitte" befördert wurde – die historisch übrigens unauffindbar ist –, sahen die Römer dagegen als Entsprechung ihrer Minerva. Das dürfte auch Noreia näherkommen als ihre Gleichsetzung mit Isis.

In jeder ihrer drei Gestalten hat nämlich die Erdmutter Noreia/Brigit/Minerva auch funktionelle Bezüge. Über ihre Wesenhaftigkeit hinaus wurde sie von bestimmten Gruppen in jeweils einer ihrer Gestalten als „Schutzgöttin“ beansprucht. Als Weiße Frau beispielsweise als Schutzgöttin der Dichter, der Druidenschüler, der Ärzte. Die Rote Frau ist die Schutzgöttin der Krieger, und die Schwarze Frau jene der Handwerker, Schmiede und Bronzegießer. Mit diesen Schutzfunktionen ist übrigens zugleich die – nicht nur keltische, sondern generell die indogermanische – Gesellschaftsstruktur mit ihrem Drei-Klassen-System beschrieben. Es war kein trennendes Kastensystem, sondern ein reines Funktionsklassensystem. Die erste Klasse waren die Dichter, die Magier und die Heilkundigen. Die zweite Klasse bildeten die Krieger und die dritte Klasse die Handwerker. Bauern, Fürsten und Kaufleute sind in den Funktionsklassen nicht erfaßt.

Über die „keltische Minerva“ wissen wir einiges von den römischen Historikern. Weil es sich um einen der vielen Namen für dieselbe Große Mutter handelt, dürfen wir wohl mit gutem Gewissen ein bißchen verallgemeinern. So bekommen wir von Noreia/Brigit/Minerva ein etwas schärferes Bild. Sie, die als Urmutter Blüte und Wohlstand verbreitet und in einer ihrer drei Gestalten Patronin jeder der drei Klassen ist, trägt in dieser Patronatsfunktion auch die Züge ihrer Schützlinge. In einer idealisierten Weise, die man durchaus als Leitbild ansehen kann.

Als Schutzgöttin der Dichter, Magier und Heilkundigen ist sie selbst Dichterin, Prophetin und Druidin. In ihr tritt die Poesie als wichtiger Aspekt des keltischen Schamanentums, der Druiden, deutlich zutage. Sie ist die Muse der Dichter und Schutzherrin der Künste, wie es Caesar als Eigenschaft der „keltischen Minerva“ beschreibt. Mit ihren magischen Sprüchen, der umfassenden Kenntnis der beseelten Natur – die ja letztendlich ihr Kind ist –, und dem Wissen um die Eigenschaften allen Seins stellt sie das Idealbild der Heilkundigen dar.

Ihre Rolle als Patronin der Kriegskunst zeigt die Dreigestaltige Göttin in einer Vielzahl von keltischen Sagen als Kriegerin, die zugleich Magierin ist und die junge Männer initiiert. Sie tut das in allen Bereichen – Kriegskunst, Sexualität, Magie –, denn diese Bereiche sind eng verbunden. In den keltischen Sagen Irlands und der Bretagne wird diese magische Kriegerin häufig mit dem Namen Macha genannt. Auf einigen gallischen Münzen aus dem 2. vorchristlichen Jahrhundert sind „Machas“ abgebildet: nackte, bewaffnete Frauen, die sich mit wehendem Haar wie Furien dem Kampf stellen.

Als Schwarze Frau und in dieser Gestalt Schutzpatronin des Handwerks ist Noreia/Brigit/Minerva selbst Meisterin des Handwerks. Sie versteht sich auf die Schmiedekunst und die Formung der Metalle. In der Legende unterrichtet sie auserwählte Lehrlinge in den handwerklichen Künsten. Das zeigt deutliche Parallelen zur germanischen Mythologie, wo der göttliche Schmied eine wichtige Rolle spielt. Hier kommt jedoch zur Kunst das Geheimnis der Initiation. Wer schafft, ist Schöpfer – und er muß mehr schaffen als „nur" ein materielles Werk. Jedes Werk trägt Magie in sich. Wie das Schwert, das unbesiegbar macht – ein Gleichnis, aber nicht als Unterhaltung, sondern als Forderung, als Anspruch. Heute würde man einfach sagen, ein Aufruf zum Bewußtsein der Verantwortung.

Die Dreigestaltige Göttin in ihrem vielschichtigen Wesen, die Herrin von Dichtung und Magie, die Meisterin der Künste und des Handwerks, die wilde Kriegerin – dieses Bild ist das detailreichste der Großen Mutter. Sie ist das Gottes-Urbild (zumindest) des indogermanischen Kulturraumes: Mutter der Natur und des Menschen in der Natur, unermüdliche Verführerin und unermüdlich gebende Ernährerin. Ihr Pulsschlag ist jener der Erde, sie hält das Rad des ewigen Werdens, Wachsens und Vergehens in Bewegung.

Zeit - Ort - Kult

Die Besiedlungsgeschichte der Steiermark und die Kultformen im zeitlichen Überblick von der Jungsteinzeit bis zur Christianisierung

Bis 6.000 v. Chr.: Mittelsteinzeit (Mesolithikum)

In der Steiermark sind keine Besiedlungsspuren nachweisbar. Es gibt aber Hinweise darauf, daß sich Jägergruppen aus dem besiedelten Donauraum, der ungarischen Tiefebene und dem Balkan fallweise auch im Gebiet der Steiermark aufgehalten und Höhlen, wie beispielsweise die Drachenhöhle bei Mixnitz, die Lieglhöhle bei Tauplitz oder die Badlhöhle bei Peggau, als feste Stationen bei ihren alpinen Jagdausflügen genutzt haben.

6.000 bis 1.800 v. Chr.: Jungsteinzeit (Neolithikum)

Nach dem Ende der letzten Eiszeit beginnt die Besiedlung der offenen Beckenlagen in der südlichen Ost- und Weststeiermark. Funde von Steinwerkzeugen gibt es entlang der Flußläufe von Mur, Raab und Feistritz, im Raum Bärnbach-Voitsberg-Köflach und in Graz.

Offensichtlich als Unterkunft genutzt wurden Höhlen, wie das Zigeunerloch bei Gratkorn, die Josefinengrotte bei Peggau, die Repolusthöhle, die Drachenhöhle bei Mixnitz, die Rettenwandhöhle und die Große Offenbergerhöhle bei St. Lorenzen im Mürztal. Die Lebensweise dieser „ersten Steirer“ war jene nomadisierender Jäger und Sammler. Ihre Kulthandlungen kann man als Opfer- und Beschwörungskult zusammenfassen. Spuren blieben davon keine, oder sie wurden noch nicht gefunden. Man kann nur Rückschlüsse aus Funden in anderen Gegenden mit ähnlichen Rahmenbedingungen ziehen. Wahrscheinlich ist eine kultische Deponierung von Opfergaben an bestimmten Plätzen, in Mooren oder Gewässern. Es wurden dabei Jagdopfer versenkt – entweder Teile wie Herz oder

Kopf oder zu bestimmten Zeitpunkten ein ganzes Stück Wild. Aus dem Rheinland liegen Funde vor, die letzteren Vorgang nachvollziehbar machen. Einer Hirschkuh wurde das Herz entnommen und stattdessen ein faustgroßer Stein eingesetzt. Dann wurde sie im Moor versenkt. Es ist anzunehmen, daß die Opferplätze von Schamanen ausgewählt und mit Pfählen gekennzeichnet wurden. Neben solchen Kultpfählen zeugen auch schematisierte Tier- und Menschendarstellungen als Ritzzeichnung oder Plastik sowie kreis- oder strahlenförmige Zeichen an Felswänden von kultischen Vorstellungen und Handlungen.

Gegen Ende des Neolithikums dürfte der Übergang zur planmäßigen Vorsorgewirtschaft und damit der Anfang von Ackerbau und Viehzucht anzusetzen sein. Damit tritt im Bereich des Kultes der Fruchtbarkeitskult in den Vordergrund. Mit dem Beginn der bäuerlichen Kultur können wir den Anfang von Jahreskreisfesten mit Umzügen und Opferfeiern, Niederlegung von Weihegaben an den „naturheiligen Orten" und zu deren Markierung die Ersetzung von Holzpfählen durch aufgerichtete Steine – Menhire – gleichsetzen. Blutige und unblutige Höhlenopfer und ritueller Kannibalismus sind wahrscheinlich. Ein Opferschacht in der Nähe von Villach – und vor allem dessen knöcherner Inhalt – läßt den Schluß auf diese Art von Kulthandlungen auch im südlichen Alpenraum zu.

1.800 bis 750 v. Chr.: Bronzezeit

Gegen Ende des Neolithikums und am Übergang zur Bronzezeit kann man in der Steiermark schon eine beachtliche Besiedlungsdichte annehmen, die sich bis zur Keltenzeit nicht mehr wesentlich gesteigert haben dürfte. Es gibt zahlreiche Funde aus diesem Zeitraum. Die Archäologen sehen sie im Zusammenhang mit vergleichbaren Fundstücken in Kärnten und Slowenien.

Die Siedlungen bestanden bereits aus Häusern bzw. Hütten in Lehm oder Lehm-Holz-Bauweise. Es waren kleine Siedlungen, für deren Errichtung höher gelegene Plätze bevorzugt wurden. Einige wenige Familien wohnten dort, oft wohl auch nur eine einzelne Sippe. Solche erste Höhensiedlungen stellten die Archäologen auf dem Pölshals bei Judenburg, dem Kulm, dem Fötzberg, dem Saleskogel und dem Dexenberg sowie auf dem Königsberg bei Tieschen und – als eine der bedeutendsten – auf der Steinmeißkuppe des Buchkogels bei Wildon fest. Diese Siedlungen entsprechen bereits dem Grundmuster der folgenden, größer angelegten Höhensiedlungen. Von Siedlungen oder Sippenhöfen in Talrandlagen wurden Spuren in Wundschuh und in Pichling bei Köflach gefunden. Wie diese Wohnstätten ausgesehen haben, wissen wir nicht. Auf dem Pölshals bei Judenburg wurde zwar der Grundriß eines Rechteckhauses freigelegt, und auch bei Grabungen an den anderen Orten wurde eine Vielzahl von Hüttenlehmstücken gefunden. Einwandfrei feststellbare Grundrisse gibt es bisher jedoch nicht.

Eines ist aber sicher: Die Besiedlung beschränkt sich nicht mehr nur auf die quasi von der Natur vorgegebenen und begünstigten Lagen der Murfelder und des ost- und weststeirischen Hügellandes. Die „Norische Senke", das Aichfeld, und der Zugang zum Neumarkter Sattel sind ebenfalls ältester steirischer Siedlungsraum. Die Funde in der Mur-Mürz-Furche zeigen die große Bedeutung dieses Verkehrsweges bereits in der frühen Bronzezeit (oft auch als Kupferzeit bezeichnet).

Aus der mittleren Bronzezeit gibt es eine Reihe bedeutender Fundstücke, die sich im Landesmuseum Joanneum befinden: ein Schwert (vom Typ „Boiu-Sauerbrunn") aus Donawitz, ein Griffplattenschwert mit Zungenfortsatz aus Wildon, Vollgriffschwerter aus Gratwein und Judenburg, Lappenbeile von der Stubalpe, vom Phyrnpaß, aus Graz, Aussee, Niedergrößnitz bei Köflach, Radkersburg und Premstätten sowie eine Reihe von Gewandnadeln und Fibeln. Diese Funde geben zwar kein getreues Bild von der Siedlungsverteilung und -dichte, weil es sich um einzelne Funde handelt. Sie zeigen jedoch, daß so ziemlich das gesamte Gebiet der heutigen Steiermark zumindest fallweise begangen wurde.

Was Kult, Kultstätten und Kultbauten dieser Zeit angeht, so haben sie bis heute unübersehbare Spuren hinterlassen: die Hügelgräber. Das heißt, die Hügelgräber der ersten Phase. Denn nach dem Zwischenspiel der Urnenfelder traten die Hügelgräber in der Zeit der keltischen Steiermark nocheinmal auf. Ob es sich um eine Retradierung handelt, ein Zurückgreifen auf älteres Kulturgut, oder um eine davon gänzlich unabhängige Erscheinung – das dürfen sich die Archäologen unter sich ausmachen.

Aber bleiben wir in der Bronzezeit. Das gefestigte Bauerntum wird durch einen eigenständigen Handwerkerstand ergänzt. Der Handel wird intensiviert, und im Zuge dessen erhalten die großen Verbindungswege durch die Steiermark eine besondere Bedeutung. Die Hügelgräber zeugen vom hochentwickelten Totenkult, wie er für die gesamte Megalithkultur bezeichnend ist. Die naturheiligen Plätze, die „Kraftplätze", sind weiterhin Opferplätze. Neben der Versenkung von Opfern und der kultischen Deponierung dürfte es an bestimmten Plätzen bereits Brandopfer gegeben haben. Die Brandopfer – vor allem Tiere – wurden mit zerbrochenen Tongefäßen zu Aschenaltären aufgetürmt. In der Umgebung der bronzezeitlichen Höhensiedlungen findet sich eine Reihe von Brandopferplätzen, die sich durch eine besondere geomantische Qualität auszeichnen. In manchen Fällen dürften die Kultbezirke mit Erdwällen und Gräben als zeremonielle Einfriedung versehen gewesen sein. Besonders „starke Plätze" erhielten Steinkreise oder zumindest Markierungssteine in der Form von Menhiren. Diese „langen Steine" wurden nicht willkürlich plaziert, sondern nach genauen astronomischen Gesichtspunkten. Beispielsweise bezeichnen Menhire, vom Zentrum des Kultbezirks aus gesehen, den Sonnenstand zum Jahreszeitenwechsel. Wahrscheinlich im Zusammenhang mit dem Erdmutterkult stehen die Schalensteine, die aus dieser Epoche stammen und die etwa drei Jahrtausende bis in unsere Zeit überdauert haben. Der hoch entwickelte Kult setzt natürlich eine eigene Priesterschaft voraus, die in all diesen Kenntnissen bewandert ist und auch über einen entsprechenden Stellenwert in der Bevölkerung verfügt. Auf sich allein gestellt hätten die Schamanen wohl kaum tonnenschwere Steinblöcke transportieren und aufrichten können.

Dieser Lochstein im Rabenwald nördlich von Stubenberg ist genau zum Sonnenaufgangspunkt am Tag der Frühlings-Tag- und Nachtgleich ausgerichtet.

Was den Teufelstein in den Fischbacher Alpen betrifft, stehen wir ohnehin vor einem Rätsel. Das gesamte riesige Gipfelplateau wurde abgegraben. Den Beweis dafür brachte eine Anfang der

Neunzigerjahre von der Montanuniversität Leoben durchgeführte Untersuchung mittels orientierter Quarzprobenentnahme. Diese Methode erlaubt die Feststellung, ob Gesteinsformationen natürlich verwittert oder künstlich bearbeitet worden sind. Unsere bronzezeitlichen Vorfahren wußten von einer Eigenschaft dieses eigentümlichen Berges, die wir erst wiederentdecken müssen. Einige Forscher haben schon Anhaltspunkte gefunden: Daß sich die Kraftlinien aller bekannten Kultplätze in der Umgebung – auch jener der Wallfahrtskirchen – genau auf dem Teufelsstein schneiden, oder die Strahlungsqualität direkt bei den aufgeschichteten Steinquadern auf dem Gipfelplateau, die auf eine „Blinde Quelle" hinweist.

Viele Elemente unseres Volksglaubens haben ihre Wurzeln in den verschiedenen Kategorien der Verehrung und des Opfers der bronzezeitlichen Megalithkultur. Das „Fasselrutschen" ist ein feucht-fröhlicher Brauch. Ursprünglich war es ein Fruchtbarkeitsritual, das in direkter Linie auf die „Rutschsteine" mit der gleichen Funktion zurückgeführt werden kann. Und aus dem Geschirropfer an den heiligen Felsen hat sich sogar ein Sprichwort gebildet: Scherben bringen Glück. Die Jahreszeitenfeste ebenso wie Heilquellenkulte – das alles ist ein Erbe aus dieser Epoche der europäischen Vorgeschichte.

Um etwa 1.200 v. Chr. tritt Europa in eine Zeit großer Umwälzungen und des Wandels in allen Lebensbereichen. Der Totenkult bildet keine Ausnahme. Ganz im Gegenteil: Gerade durch ihn sind wir in der Lage, den Wandel in der Gesinnung festzustellen. Denn nicht mehr in Hügelgräbern werden die Verstorbenen bestattet. Sie werden zeremoniell verbrannt und in Urnenfeldern beigesetzt. Die flachen Urnengräber werden zu großen Friedhöfen gruppiert. Aus den Grabbeigaben läßt sich der Schluß ableiten, daß es in der urnenfelderzeitlichen Gesellschaft der Steiermark bereits beträchtliche soziale Unterschiede gegeben haben muß.

Die Urnenfelder liegen naturgemäß in der Nähe größerer Siedlungen, speziell im Raum Ost-Weststeiermark. Diese Höhensiedlungen waren mehr als bäuerliche Fluchtburgen. Es dürfte sich bereits um lokale Zentren mit bestimmten Funktionen in Handel, Markt, Handwerk, Verwaltung und Kult gehandelt haben. Sie waren gut befestigt, und das läßt den Schluß zu, daß die Zeiten nicht die friedlichsten gewesen sein dürften. Die wichtigsten dieser Siedlungen waren in der Oststeiermark jene auf dem Ringkogel bei Hartberg, auf dem Kulm bei Weiz, dem Königsberg bei Tieschen, der Riegersburg und dem Fötzberg bei St. Margarethen an der Raab sowie in der Weststeiermark am Heiligen Berg bei Bärnbach und am Dietenberg bei Ligist. Die Höhlen dienten weiterhin als Zufluchtstätten und für kultische Zwecke. Die einzige dauernd besiedelte Höhle dürfte die Drachenhöhle bei Mixnitz gewesen sein.

Funde aus Johnsbach, Trieben und Tillmitsch weisen auf die Metallgewinnung und -bearbeitung hin. Viele weitere Funde – vor allem Metallgeräte und Waffen aus Metall – stammen aus Gebieten, die nicht dauernd besiedelt gewesen sein dürften. Es ist wahrscheinlich, daß die Geräte und Waffen beim Anlegen von Verkehrswegen verloren wurden, bei der Holzarbeit oder bei der Jagd. Manche wurden aber an markanten Punkten wie Paßhöhen gefunden, und in diesem Fall ist eine kultische Deponierung, eine absichtliche Niederlegung im Zusammenhang mit einer Opfer- oder Weihehandlung, naheliegend. Das gilt auch für Funde, die an Flußufern oder direkt im Flußbett gemacht wurden. Sie zeigen meist eine deutliche Wasserpatina und können deswegen als Opfergaben eingeordnet werden. Auffällig ist, daß diese Art von Funden – und damit diese Art von Opfer- und Weihehandlungen – für die Urnenfelderzeit geradezu typisch ist.

750 v. Chr. bis Chr. Geb.: Die vorchristliche Eisenzeit

In dieser Epoche spielt das Gebiet der Steiermark eine weitaus wichtigere Rolle als allgemein bekannt ist. Es beginnt mit dem Eisen und mit einem Volk, das beinahe aus dem Nichts auftaucht, sich ohne offensichtliche Auseinandersetzungen mit der ansässigen illyrischen Bevölkerung arrangiert und nicht nur in der Steiermark, sondern in weiten Teilen Europas für fast ein halbes Jahrtausend eine dominante Rolle spielt, den Kelten. Trotzdem ist es sinnvoller, von einem keltischen, norischen oder keltoillyrischen Kulturkreis zu sprechen und nicht von einem keltischen Volk. Der Kulturkreis läßt sich mit einiger Exaktheit nachvollziehen, das Volk als Begriff ist dagegen eine diffuse Angelegenheit.

In der älteren Eisenzeit, die man allgemein als Hallstattkultur bezeichnet, tauchen wieder die Hügelgräber auf. Die Gräber der Sulmtaler Fürsten und die darin gemachten Funde schufen sogar die Grundlage für die Erforschung der Hallstattkultur im Südostalpenraum. Das Sulmtal bei Kleinklein mit dem Burgstallkogel und dem Grillkogel zählt unter Archäologen zu den bedeutendsten Fundorten dieser Epoche in ganz Europa. Die Hügelgräber um den Weinbauort Gamlitz gaben dem Ort sogar seinen Namen: „Gomilca" heißt „Hügelchen". Der nahegelegene Frauenberg wurde zu einer Hauptkultstätte der Göttin Noreia. Und den keltischen Namen der zu Füßen des Frauenberges liegenden Siedlung Solva übernahmen dann auch die Römer für ihr Flavia Solva. Etwa um das Jahr 300 errichteten die Kelten auf dem Ringwallberg – auch Hoarachkogel genannt – am Murknie bei Spielfeld eine befestigte Siedlung. Archäologen fanden dort den Grundriß eines Gebäudes, das als Heiligtum, als eine Art Tempel, gedient haben dürfte. Der Platz, auf dem sich die Überreste dieses keltischen Sakralbaues befinden, ist in geomantischer Hinsicht recht auffällig. Der Grundriß ist genau nach dem Globalgitternetz ausgerichtet. Und der Punkt, an dem sich der Brandopferbock in der Form eines Mondidols befand, zeigt die Eigenschaften, die für „Blind Springs" charakteristisch sind. Ein Kraftplatz eben.

Ein vergleichbarer Platz auf dem Kulm bei Weiz konnte vor kurzem vom oststeirischen Keltenforscher Titus Lantos aus Pischelsdorf mit radiästhetischen Methoden wiederentdeckt werden. Seine Entdeckung wurde vom Rosenheimer Kreis, einer Vereinigung kompetenter Radiästheten, verifiziert.

Weltberühmt wurde ein Fund aus dem Aichfeld, der „Norischen Senke": der Kultwagen von Strettweg. Er war die Grabbeigabe für einen keltischen Fürsten. Durch Zufall stieß im Jahr 1851 ein Bauer beim Pflügen auf das prunkvoll ausgestattete Fürstengrab. Es ist belegt, daß seit der Hallstattzeit das Gebiet der Steiermark in mehrere keltische Fürstentümer gegliedert war. Das Aichfeld mit dem Saumweg über den Neumarkter Sattel zum Magdalensberg war eines der Zentren neben jenen im Bereich Sulmtal-Frauenberg, Königsberg, Stradnerkogel, Ringkogel bei Hartberg und Kulm bei Weiz. An allen diesen Orten läßt sich im

Der Kultwagen von Strettweg.

Grundriß der Wallanlagen – mit dem Zugang grundsätzlich aus Süden – das Prinzip der keltischen Viereckschanze feststellen. Es zieht sich von der Südoststeiermark bis ins Rheinland und weiter in den gallischen Bereich.

Von den Römern wird die Bevölkerung im heutigen Raum Steiermark-Unterkärnten etwa ab dem Jahr 200 v. Chr. als „Taurisker" bezeichnet und nicht mehr in Noriker und Illyrer unterschieden. Daraus kann man schließen, daß zumindest in den dicht besiedelten Gebieten eine weitgehende Verschmelzung erfolgt sein dürfte.

Bald nach den Kelten lassen sich auch deren nördliche Verwandte, die Germanen, in der Steiermark blicken. Vielleicht war das auch der Grund dafür, daß sich die zwölf keltischen Fürstentümer im Raum Steiermark-Kärnten etwa um das Jahr 120 v. Chr. zum Königreich Noricum vereinigten. Dessen Hauptstadt lag am Magdalensberg im Klagenfurter Becken. Wichtige Verbindungswege führten über den Neumarkter Sattel und über die Pack. Der Neumarkter Sattel und die in seiner Nähe liegende Stadt Noreia schrieben sodann im Jahr 113 v. Chr. auch Weltgeschichte. Die Taurisker wurden von den germanischen Kimbern und Teutonen heftig belästigt. Die Römer, zu denen schon damals enge Beziehungen bestanden, schickten einige Legionen zur Unterstützung ihrer Nachbarn. Bei Noreia am Neumarkter Sattel kam es zur Schlacht zwischen Römern und Germanen. Wir wissen wohl alle noch aus dem Geschichtsunterricht, wie's ausging: Die Römer konnten ihre Legionen abschreiben.

Etwa um das Jahr 100 v. Chr. erreicht der Abbau von Eisenerz in Hüttenberg und etwas später wahrscheinlich auch schon am Erzberg einen ersten Höhepunkt. Das „norische Eisen" wird sprichwörtlich für Qualität und die Kunst der Eisenverarbeitung durch die keltischen Handwerker. Es war zweifellos ein gewichtiger Grund für die Römer, sich um ihre nördlichen Nachbarn zu kümmern.

Die engen Beziehungen vor allem der keltischen Oberschicht zu den Römern zeigten zwei Auswirkungen: Im Bereich des Kults begannen die Kelten, ihre künstlerischen und handwerklichen Fähigkeiten für Sakralbauten einzusetzen. Genau genommen zeigt sich darin eine gewisse Degenerationserscheinung, denn dem keltischen Weltbild entspricht der Kult unter dem Gewölbe des Himmels, nicht unter dem eines Tempels. Die gallorömischen Tempelbauten verbreiteten sich um die Zeitenwende im gesamten römischen Einflußbereich des keltischen Siedlungsgebietes. Die zweite Auswirkung der römischen Zuneigung bestand darin, daß die Römer im Jahr 15 v.

Chr. das Königreich Noricum besetzten und zur römischen Provinz machten.

Die gallorömische Mode im Bereich des Kults dürfte eine vorwiegend äußerliche Erscheinung und eine Sache der Oberschicht gewesen sein. Es gibt ausreichend Hinweise darauf, daß die schamanische Tradition ungebrochen fortgeführt wurde. Der hochentwickelte Priesterstand war weitestgehend autonom und von Modeerscheinungen unabhängig. Es wurden weiterhin Jahreszeitenfeste gefeiert, Quell- und Bergheiligtümer hatten weiterhin ihren festen Platz im Kult, genauso wie die Brandopferplätze an markanten Punkten, die Schalensteine und die Kraftplätze im Kreis der schwingenden Steine.

Das erste nachchristliche Jahrtausend

Die Zeitenwende, das „Jahr 0", zeigt sich im nachhinein und mit dem Betrachtungsabstand von zwei Jahrtausenden tatsächlich als eine Wendezeit in mancherlei Hinsicht. Mit dem Sieg Caesars über Vercingetorix waren weite Teile Europas der römischen Imperialmacht ausgeliefert. Auch wenn dieser Zustand nur etwa 400 Jahre dauerte – er gab die Richtung vor für die Entwicklung bis in unsere Zeit.

Die keltische Siedlung Solva wurde als Flavia Solva zum Zentrum der „römischen" Steiermark. Der Flavier-Kaiser Vespasian verlieh ihr um das Jahr 70 n. Chr. das Stadtrecht. Auch das Heiligtum der Muttergöttin Noreia wurde romanisiert, ja die Göttin selbst. Die Fundamente des Isis-Noreia-Tempels zeugen noch heute davon. Aber wie schon früher gesagt, die Art des Kultes und die Motive dahinter tun der Qualität des Kultplatzes keinen Abbruch. Und so ist der Bereich innerhalb des Opferaltars vor dem Isis-Noreia-Tempel einer der „stärksten Plätze" der Steiermark.

Römische Siedlungen und Poststationen entstanden entlang der wichtigen Verkehrswege, und römische Adelige ließen sich prunkvolle Villen errichten. In Feldkirchen bei Graz wurden die Überreste eines römischen Landhauses freigelegt, auch in der Nähe von Hartberg und an mehreren anderen Orten. Flavia Solva, mit Amphitheater, Markt, Garnison, Verwaltungsbezirk und weitläufigen Wohnbezirken, war das typische Bild einer römischen Provinzhauptstadt. Von den Markomannen wurde es 170 n. Chr. gebrandschatzt, aber wieder aufgebaut. Nach der Zerstörung durch die Germanen etwa um 405 n. Chr. blieben jedoch nur mehr die Reste einer Siedlung, und die Bevölkerung tat, was sie in gefährlichen Zeiten schon immer getan hatte. Sie zog sich auf den Frauenberg zurück und beobachtete den Lauf der Welt aus sicherer Höhe und der schützenden Geborgenheit der Noreia. Es ist sehr wahrscheinlich, daß der romanisierte Kult in weiten Kreisen der Bevölkerung als Gegenreaktion eine verstärkte Zuwendung zum traditionellen Schamanismus, zum Natur- und Erdmutterkult bewirkte. Die Brandopferplätze dürften nicht nur während der gesamten römischen Besatzungszeit, sondern auch noch später, während der Völkerwanderungszeit, im Zusammenhang mit den Kultbräuchen der einwandernden Slawen genutzt worden sein. Auch bei den slawischen Stämmen war die Urgottheit eine dreigesichtige Muttergöttin. Die Übereinstimmung in ihrer Verehrung dürfte geholfen haben, Unterschiede in anderen Bereichen zu übergehen.

Zwischen dem 6. und 8. Jahrhundert bestand im Raum Steiermark-Unterkärnten das slawisch-awarische Herzogtum Karantanien. Eine Vielzahl von Bach- und Flurnamen erinnert an diese Zeit. Mur und Enns allerdings konnten sich ihre keltischen Namen bewahren. Um die Mitte des 8. Jahrhunderts begann die Einwanderung der Bajuwaren und in deren Gefolge die christliche Missionierung.

Christianisierung: Die Kultplätze werden getauft

Die alten Kultplätze behielten ihre Bedeutung im Volksglauben, sie wurden von Legenden und Sagen umrankt. Oft spiegelt sich in diesen Legenden der Kampf des neuen Christentums gegen den alten Volksglauben. Es sind Hexen, Drachen, Zauberer und oft genug der Teufel selbst, die an diesen naturheiligen Orten ihr Unwesen treiben – und die Menschen von ihnen fernhalten – sollen.

Der Teufelstein hat nicht nur den Namen aus diesem Grund bekommen. Auch eine Vielzahl von Sagen macht aus dem geheimnisvollen Kraftplatz mit seinen drei gewaltigen, übereinandergelegten Steinblöcken – von denen der dritte irgendwann einmal abgerutscht und zerbrochen ist – ein Werk des Teufels. Eine dieser Sagen als

Beispiel: Vor langer Zeit lebten in der Nähe von Birkfeld drei besonders böse Pfarrersköchinnen. Sie waren so lüstern, daß nur der Teufel selbst ihre Begierde stillen konnte. Allerdings verlangten sie für ihre Dienste vom Teufel immer unverschämter Gegengaben. Schließlich hatte der Teufel von den drei Damen die Nase voll. In einer stürmischen Nacht packtc cr dic erste und schleuderte sie auf den Teufelstein, wo sie sofort zu einem Felsblock verwandelt wurde. Dann schmiß er die zweite auf die erste – der zweite Felsblock. Schließlich faßte er die dritte. Doch als er sie auf die beiden anderen werfen wollte, krähte der Hahn und der Teufel mußte die dritte Pfarrersköchin fallen lassen und in die Hölle verschwinden. Deshalb liegt der dritte Stein zerbrochen neben den beiden anderen.

Interessant ist an dieser Legende speziell der Umstand, daß es sich um drei Frauen handelt. Hier dürfte das versickerte Wissen um die dreigestaltige Göttin eine Rolle spielen. Der Hinweis, daß es sich um Pfarrersköchinnen gehandelt haben soll, deutet ebenfalls in diese Richtung. Denn die Pfarrersköchin war über Jahrhunderte hinweg neben den Nonnen das einzige weibliche Wesen, das sich im sakralen christlichen Umfeld etablieren konnte. Natürlich in einer niederen, dienenden Funktion – weshalb es dem Ruf der Kirche keinen besonderen Schaden zufügte, wenn sie es mit dem Teufel hielt.

In den Sagen zeigt sich der Erklärungsbedarf des Volkes hinsichtlich der immer noch bekannten alten Kultplätze. Das Abreißen der schamanischen Tradition im Gefolge der Christianisierung ließ die Überlieferung in Vergessenheit geraten. Aber die Plätze waren vorhanden, ihre Ausstrahlung spürbar. Und das Volk, das in ihrer Umgebung lebte, verlangte nach einer Erklärung für die geheimnisvollen Eigenheiten dieser Plätze. So dienten die Sagen mit ihrem oftmals äußerst zweifelhaften Inhalt zweierlei Zweck. Zum einen entschärften sie oberflächlich die Anziehungskraft der alten Kraftplätze durch eine verständliche Erklärung, und zum anderen gaben sie dieser Erklärung eine Form, die dem Christentum dienlich war und dessen Lehrinhalte transportieren konnte. Daß beide Zwecke nicht zur Gänze erfüllt wurden, zeigt der Umstand, daß manche Plätze auch heute noch eine besondere Funktion im Volksglauben haben.

Diese Funktion ist nicht definitiv christlich. Viele Schalensteine werden auch heute noch von Vorbeigehenden mit Feldblumen geschmückt. Egal, wie sich der einzelne diese Handlung erklärt: Es ist das archaische Bedürfnis, die Naturheiligkeit eines starken Ortes durch eine Opfergabe anzuerkennen.

Der Katharinenstein bei St. Kathrein am Hauenstein, ein Opferplatz mit Kulttradition seit der Jungsteinzeit, erhielt seine „Taufe" in der Zeit der Türkenkriege. Der Katharinenstein besteht aus zwei Schalensteinen. Der kleinere umfaßt eine trockene Schale, die Schale des größeren ist immer mit Wasser gefüllt. Es dürfte in der Art eines arthesischen Brunnens in die Schale steigen. Auffällig ist, daß das Wasser zwar nachsteigt, wenn man aus der Schale schöpft, aber niemals überläuft. Der Legende nach sind die beiden Schalen die Fußabdrücke der heiligen Katharina. Als die Türken nach St. Kathrein kamen, waren die Kathreiner eben in der Kirche bei der Messe. Katharina erhörte ihr Gebet um Hilfe, stieg vom Hochaltar und pflanzte sich mit erhobenem Schwert am Katharinenstein auf. Sogleich fiel starker Nebel ein. Die Türken hielten ihn für das Meer und kehrten um.

Selbst für den Umstand, daß eine der beiden Schalen kein Wasser enthält, gibt es eine sagenhafte Erklärung. Ein Hirtenknabe hätte einst in die heute trockene Schale gepinkelt. Die heilige Katharina war darüber so erbost, daß sie das verunreinigte Wasser für immer versiegen ließ.

Wer den Katharinenstein aufsucht, von entsprechender Körpergröße ist und die notwendige innere Ruhe und Sensibilität mitbringt, kann sich – wie Katharina in der Legende – mit gespreizten Beinen auf die beiden Schalensteine stellen. Mit erhobenen Armen nimmt man die Haltung größter Offenheit ein – und dann muß man kein „Fühliger" sein, um die Kraft des Ortes zu spüren.

Wesentlich nachhaltiger als die Christianisierung durch Sagenbildung ist natürlich jene durch die Überbauung der alten Kultplätze mit christlichen Sakralbauten. Wenige Meter neben dem Isis-Noreia-Tempel auf dem Frauenberg wurde eine eindrucksvolle Marienkirche erbaut: Zu groß für eine Dorfkirche, aber groß genug, um dem latenten Bedürfnis nach Verehrung der Muttergöttin den Weg zu weisen. Viele Marterln und Wegkreuze stehen an Stellen, die schon in vorchristlicher Zeit durch einen Stein markiert waren. Allerdings darf man im Zusammenhang mit dem „Taufen" von Kultplätzen durch Überbauung eines nicht vergessen: Fast jede Wallfahrtskirche steht auf einem „starken Platz". Aber bei weitem nicht jede steht auf einem Platz mit Kultplatztradition. So groß war die Besiedlungsdichte in der Vorzeit nicht, daß jeder Ort mit besonderer geomantischer Qualität als Kultplatz genutzt worden wäre. Vor allem in der Zeit der Gotik, der Klostergründungen und Urbanisierung durch die Zisterzienser, war es eine Selbstverständlichkeit, sich bei der Errichtung von Gebäuden, besonders aber von Kirchen, an den geomantischen Voraussetzungen zu orientieren und die Plätze nach diesen Gesichtspunkten auszuwählen. Die eindrucksvollsten gotischen Kirchen der Steiermark stehen auf sehr starken Plätzen. Das Münster von Neuberg erhält seine einzigartige Atmosphäre durch die perfekte Ergänzung der Qualität des Ortes durch die Kunst. In der Krypta der Stiftskirche von Leoben-Göss verläuft eine Strahlungszone von solcher Intensität, daß die im Bereich dieser Zone bestatteten Nonnen über Jahrhunderte hinweg nicht verwesten, sondern auf natürliche Art mumifiziert wurden.

Die Kraftplätze haben eine eigene Mystik: jene der Einheit allen Seins. Welche Religion welchen Kult an ihnen ausübt und ob überhaupt – das sind Fragen der Zeit und der Kultur. Sie berühren die äußere Form, kaum aber das eigentliche Wesen. Die Kraftplätze sind die Akupunkturpunkte der Erde. Sie halten Boden und Atmosphäre, Erde und Universum in Harmonie und geben dem, der dafür offen ist, die Ahnung eines Akkordes aus dem Klang der Sphären.

Neuberg an der Mürz: Die Zisterzienser wußten die Gunst des Ortes mit der Kunst der Gotik zu vollkommener Harmonie zu vereinen.

Spurensuche: Wandern zu Kraftplätzen in der Steiermark

Beim Interesse an der Vor- und Frühgeschichte der Steiermark, den Lebensweisen und Kulthandlungen unserer Vorfahren müssen wir zwischen zwei Dingen unterscheiden: den Realienfunden und den Plätzen. Wer sich für die Funde interessiert, findet sie in der Abteilung für Vor- und Frühgeschichte des Landesmuseums Joanneum im Schloß Eggenberg. Es ist eine beachtliche Sammlung – mit Glanzstücken wie dem Kultwagen aus dem Fürstengrab von Strettweg oder den Funden aus den Sulmtaler Fürstengräbern.

Die „starken Plätze" sind in den meisten Fällen nur zu Fuß erreichbar.

Wer sich jedoch für die starken Plätze selbst interessiert, muß gutes Schuhwerk anziehen und sich auf den Weg machen. Die Plätze sind in den seltensten Fällen direkt mit einem Auto erreichbar (welch ein Glück für die Plätze!) und oft so unscheinbar, daß man auch mit den Kartenskizzen, die Sie in der Folge bei der Beschreibung der meisten Plätze finden, manchmal ein bißchen suchen wird müssen. Und der Lohn für die Müh' und Plag' ist rein äußerlich vielleicht nur ein Steinblock mit Loch. Innerlich allerdings ist der Lohn weitaus größer. Und vielleicht spüren dann auch Sie, warum unseren Ahnen genau dieser Platz heilig war.

Noch ein Wort zum Zugang: Auch wenn Sie nicht gerne zu Fuß gehen und ein für Autos befahrbarer Weg bis in nächste Nähe des

Platzes führt – lassen Sie das Auto trotzdem weit genug davon entfernt stehen und gehen Sie. Unseren Vorfahren war der Platz heilig, ein Naturheiligtum im wahrsten Wortsinn, der Weg dorthin war für sie ein heiliger Gang, eine Prozession. Wer seine Sinne für das Wesen des Ortes schärfen will, tut das am besten im Hingehen.

Mutterschoß und Bildmagie: Höhlen und Felsbilder

In einem Teil der – sporadisch oder über längere Zeiträume – bewohnten Höhlen der Steiermark finden sich in irgendeiner Form Felsritzung oder Ritzzeichnungen. Aber nicht nur in Höhlen, auch an Felswänden und in Schluchten. Allen Fundorten von Felszeichnungen ist gemeinsam, daß sie weitab jeder bewohnten Gegend zu finden sind. Das mag daran liegen, daß diese Orte Plätze intensiver Zwiesprache mit dem Höheren und zudem oftmals auch Rückzugsgebiete in Zeiten besonderer Gefahr waren.

Bei der zeitlichen Einordnung der Entstehung der Zeichnungen kann man nur einen groben zeitlichen Rahmen angeben. Außerdem zeigen manche der Fundorte eine Kontinuität von der Vorzeit bis in unser Jahrhundert. Da findet sich das Sonnenrad aus dem zweiten vorchristlichen Jahrtausend neben dem Kreuz und dem Todesdatum eines Bauern aus dem Ersten Weltkrieg. Diese Kontinuität spricht für sich, wirft aber zugleich die Frage nach dem Wesen der Felszeichnungen, ihrer besonderen Magie, auf.

Ein Bild, eine Zeichnung, eine Grafik hat immer etwas Magisches an sich. Jedem Kind ist heute der Begriff „virtuelle Realität" vertraut. Zeichnungen, Felszeichnungen sind virtuelle Realität seit Jahrtausenden. Es geht nicht um Kunst, wie wir sie heute verstehen. Natürlich gibt es verschiedene Stile und Epochen, und natürlich ist der Darstellungsdrang und das Streben nach Ästhetik ein wichtiges Element. Aber darüber steht der Zweck: Der Versuch, durch die Darstellung einer Realität zu einem Ziel in der Realität zu gelangen. Es sind in Stein geritzte Wünsche und Wunschvorstellungen, die an eine höhere Macht herangetragen werden. Der Mensch stellte nicht etwas dar, nur um des Darstellens willen. Er wollte damit etwas erlangen, erbitten, ja, erzwingen. So geht es in den Darstellungen der Felsbilder um zwei zentrale Bereiche des menschlichen Lebens, die Religion oder Philosophie im weiteren Sinn und die Wirtschaft. Das äußerlich Gleiche des Abgebildeten wird im bildhaft-magischen Denken als wesensgleich empfunden. So wird die Darstellung eines begehrten Tieres zur vorweggenommenen Tötung der lebensnotwendigen Jagdbeute. Zwei objektiv verschiedene Gegebenheiten werden in der Bildmagie als dynamische Einheit gleichgesetzt. In unserem heutigen logischen Denken gibt es diesen Zusammenhang nicht. Da unterscheiden wir zwischen der Gedankenwelt und den real existierenden Gegebenheiten. Im magisch-mystischen Weltbild unserer Ahnen – und heute noch bei den verbliebenen Naturvölkern – malt und beschwört der Schamane das Bild und wirkt damit direkt auf die Jagdbeute oder die Fruchtbarkeit der Felder und Viehherden. Das heißt, Gedachtes und bildhaft Dargestelltes wie auch tatsächliches Geschehen bilden eine Einheit in der Realität. Sie sind durch etwas verbunden, das wir – mangels anderer Bezeichnung und Erklärung – einfach als Kraft bezeichnen können. Damit ist aber auch klargestellt, daß die Orte mit Felszeichnungen Kraftplätze im eigentlichen Sinn sind. Unabhängig von der geomantischen Qualität des Ortes, obwohl die Wünschelrute den Großteil der Plätze an sich schon als Kraftplätze ausweist.

Die Erforschung der Felsbilder im österreichischen Alpenraum ist untrennbar mit dem Namen Ernst Burgstaller verbunden. Der damalige Leiter des Oberösterreichischen Instituts für Landeskunde wurde im Jahr 1958 vom Förster Gressenbauer auf die Felszeichnungen in der „Höll“ im Toten Gebirge aufmerksam gemacht. Bis dahin dachte sich niemand, und schon gar kein Wissenschaftler, etwas bei dem „Gekratze und Gekritzel“ an den sehr entlegenen Felswänden. Ernst Burgstaller tat es – und entdeckte in der „Höll“ die bedeutendste Felsbildersammlung des Ostalpenraumes. Er öffnete damit seinen Fachkollegen die Augen dafür, daß unsere vorzeitlichen Ahnen auch noch etwas anderes als Tonscherben hinterlassen haben. In der Folge wurden auch in der Steiermark zahlreiche Felszeichnungen aufgefunden und mit wissenschaftlichen Methoden aufgenommen. Die bedeutendste ist die „Notgasse“ am Stoderzinken im Kammergebirge. Sie bietet sich für eine genauere Betrachtung, auch beispielhaft für andere Plätze, an.

Ernst Burgstaller schreibt in seinem Buch „Felsbilder in Österreich“ über das Umfeld der Felszeichnungen: *„Fast alle diese Orte wirken auf den heutigen Besucher in ihrer Einsamkeit, Düsternis* *und Erhabenheit bedrückend. Es ist darum anzunehmen, daß das Tremendum des Numinosen, das auf diesen Örtlichkeiten lastet, die Menschen früherer Generationen auf andere Weise berührt hat.*"

Die Notgasse ist eine solche Felsbild-Fundstelle in augenscheinlich „düsterer", fast schauriger Umgebung – dunkle Felswände, oft nicht mehr als drei, vier Meter voneinander entfernt, eine enge Schlucht, in der jedes Geräusch in den vielen Halbhöhlen widerhallt. Diese Klamm ist von ihrem Anfang bis zum Ende eine einzige Bildergalerie. Wegen der vielen Namens- und Dateneintragungen sah man sie zunächst nur als Erinnerungsmale für die vielen Geheimprotestanten des Ennstales. Der Vergleich der Namen und Daten mit Familienchroniken ergab, daß alle Daten Sterbedaten sind. Die in der Notgasse Verewigten sind also Verewigte im direkten Wortsinn. Offensichtlich ist, daß die Schriftzüge eine beachtliche kalligraphische Leistung darstellen und nicht von amateurhaften, bäuerlichen Händen eingraviert wurden. Es muß also – noch zur Zeit der Reformation – eine Art „professionellen Steinschreiber" für die Notgasse gegeben haben. Es wurde eine Tradition weitergeführt, über deren Wesen und Beweggründe wir nur spekulieren können. Was bewog die Menschen des Ennstales, über mehr als 3000 Jahre hinweg, Bilder, Mitteilungen oder Daten im Fels der Notgasse zu verewigen?

Die „kosmische Hochzeit": Ähnliche Darstellungen wie diese in der Notgasse findet man auf der ganzen Welt.

So weltabgeschieden, wie wir heute meinen könnten, war die Notgasse jedenfalls nicht. Wir wissen, daß ganz in der Nähe ein uralter Salzweg aus dem Salzkammergut in das obere Ennstal führte. Die Trasse ist heute noch erkennbar. Viele Zeichnungen dürften demnach auch aus der ersten Blütezeit des Salzabbaus im Salzkammergut stammen. Spätere entstanden vielleicht aus Nachahmungstrieb. Zumindest können wir das mit einem Blick auf heutige Graffiti-Künstler annehmen. Eine Wand mit einigen Darstellungen verführt dazu, weitere Darstellungen hinzuzufügen. Jedenfalls: Die Felszeichnungen der Notgasse sind eine Bildergalerie der Zeiten. Von den vorhallstattzeitlichen Darstellungen vom Weltenrad oder Sonnenrad, von Leitern, Bäumen oder Baumidolen, Drei- und Vierecken bis zu Pentagrammen, Kreuzen und kalligraphischen Elementen aus den letzten Jahrhunderten.

Das Rad ist ein zentrales und immer wiederkehrendes Element – nicht nur in der Notgasse, sondern bei allen Felszeichnungen aus vorgeschichtlicher Zeit. Der viergeteilte Kreis ist ein vielschichtiges Symbol: Kreislauf in der Natur und der Mensch mit gespreizten Armen und Beinen. Im christlichen Mittelalter flocht man Übeltäter auf das Rad – eine Parallele zu den Menschenopfern für Gott Thor, die unter seinen Wagen geworfen wurden. Und selbst der Heiligenschein bei Christus ist meist als Rad ausgeformt.

Neben Raddarstellungen finden sich in der Notgasse auch die sogenannten Paletten. Paletten aus Holz wurden an bronzezeitlichen Fundstätten ausgegraben. Es gibt Hypothesen über ihre kultische Bedeutung – vom Talisman mit magischen Eigenschaften bis zur Schaufel, auf welcher Kohlen und Weihrauch zum Umräuchern um den Opferplatz oder Altar getragen wurden. Unter den in den Fels geritzten Palettendarstellungen in der Notgasse gibt es welche aus der Bronzezeit, aber auch wesentlich jüngere. Die jüngeren tragen in der freien Fläche Initialen. Offensichtlich wurde hier ein vorgegebenes Motiv für eine andere Art der Verewigung genutzt. Es gibt Menschendarstellungen, stark abstrahiert und auf das Symbolhafte reduziert. Dazu kann man auch die Darstellung des Baumes zählen. Denn nicht eigentlich der Baum ist hier gemeint, sondern die Reihe der Ahnen: der Stammbaum auch in unserem heutigen Sprachgebrauch.

Für die Bronze- und Eisenzeit sind einige Zeichen charakteristisch, vor allem die gut durchgebildeten Zickzack-Zeichen, die oft in mehreren Ebenen verlaufen. Es kann Wasser darstellen, aber auch das Fließen als höheren Begriff. Es kann auch die Schwingung der Erde, die Wouivre, abbilden. Meist kommt das Zickzack-Muster in Verbindung mit dem Weltenrad vor. Dieses bronze- und eisenzeitliche Weltenrad ist jedoch ausgeformter aus das neolithische. Es hat oft acht, manchmal sogar zwölf Speichen. Jede Deutung ist in diesem Zusammenhang Spekulation. Aber die Darstellung dient der Beschwörung eines Höheren. Genau diese Darstellung findet man auch an einigen Loch- und Mannsteinen an Feldrainen. Der Vogelmensch, dessen Darstellung nahe dem Zugang zur Oberen Notgasse im Fels verewigt ist, taucht an vielen anderen Fundstätten von Felsbildern in ähnlicher Form auf. Seine Bedeutung können wir trotzdem nur erahnen.

Wer die Zeichensprache an den Felswänden auf sich wirken läßt wie die Sprachmelodie einer nur rudimentär verstandenen Fremdsprache und die Düsternis und Abgeschiedenheit nicht als bedrohlich, sondern als schützend umhüllend verspürt, kann eine Ahnung vom Empfinden unserer Ahnen bekommen.

01 Die Notgasse bei Gröbming

Kurzbeschreibung:
Mehrere langgestreckte Schluchten mit einer Vielzahl von Felsritzzeichnungen; Teil eines alten Saumweges vom Ennstal ins Salzkammergut. Die Schluchten sind an der Basis zwischen zwei und sechs Meter breit, an den Oberkanten zwischen 10 und 15 Meter, und zwischen 20 und 30 Meter tief. Die Notgasse und die nahegelegene Riesgasse sind als Naturdenkmäler geschützte Landschaftsteile.

Anfahrt:
Von Liezen über die Bundesstraße 146 bis Gröbming. Knapp vor der Ortseinfahrt Gröbming biegt man auf die nach Norden führende Straße Richtung Stoderzinken und Steinerhaus ab.

Zugang:
Über die „Kleine“ und „Große Wiesmath“ erreicht man über den gut markierten Weg die Felsabbrüche, in denen sich der etwa zwei Meter breite Eingang zur Oberen Notgasse befindet. Nach deren Durchgehung erreicht man eine Bergwiese. Man überquert sie und findet

Nach oben weisender Pfeil vor dem Acker, Marterl – die Ritzzeichnungen lassen ein breites Spektrum an Interpretationen zu.

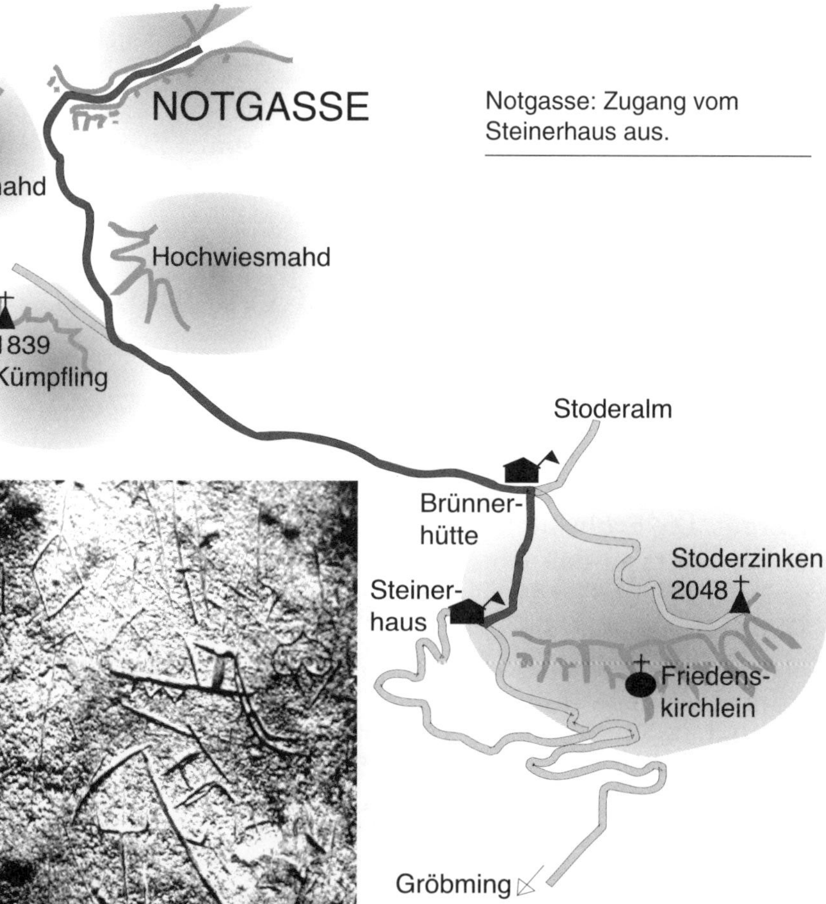

Notgasse: Zugang vom Steinerhaus aus.

Felsbildstation in der Notgasse.

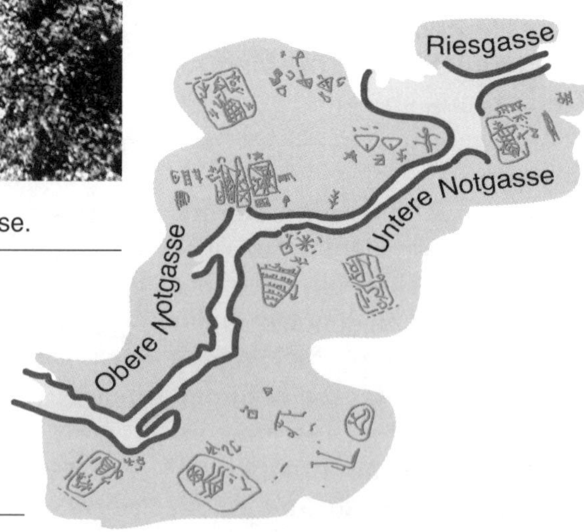

Notgasse: Detailplan mit Markierung der auffälligsten Ritzzeichnungen.

an ihrem anderen Ende den Zugang zur Unteren Notgasse und zur Riesgasse. Am Anfang der Riesgasse sind die bekanntesten Felszeichnungen des östlichen Dachsteinplateaus zu finden: der Vogelmensch und das Rad mit neun Speichen.

Geomantische Auffälligkeiten:
Durch die Obere Notgasse verläuft eine ausgeprägte und gleichförmige Globalgitterlinie in nordöstlicher Richtung. Über die Bergwiese hinweg läßt sie sich kaum verfolgen, tritt aber in der Unteren Notgasse wieder stark wahrnehmbar auf. Unmittelbar vor dem Felstableau mit der Zeichnung des Vogelmenschen läßt sich die Kreuzung von je zwei positiven Wasserstreifen und Diagonalgitterlinien sowie die Kreuzung der durchgehenden Globalgitterlinie mit einer schwächeren feststellen.

02 Lieglloch

Kurzbeschreibung:
Die Naturhöhle auf dem Weg zur Tauplitzalm diente bereits gegen Ende der letzten Eiszeit den Jägern als Stützpunkt. Die Felsritzzeichnungen sind nicht ganz so alt und zeigen Symbole wie den Drudenfuß, Leitern, sexualmagische Zeichen und aus jüngerer Zeit Jahreszahlen und Monogramme.

Anfahrt:
Von Liezen kommend auf der Bundesstraße 146 bis Trautenfels, dann abbiegen auf die Bundesstraße 145 Richtung Bad Mitterndorf und auf dieser nach Tauplitz, dem Ausgangspunkt für die Wanderung zum Lieglloch.

Zugang:
Vom Ortszentrum Tauplitz nach Norden auf dem markierten Weg Richtung Hollam und Ebenbrand. Nach etwa zwei Kilometern zweigt links der ebenfalls markierte Weg zum Lieglloch ab.

Geomantische Auffälligkeiten:
Unmittelbar vor dem Höhlenportal läßt sich ein stark strahlender Kreuzungspunkt aus einer fast parallel zur Felswand verlaufenden

Reaktionslinie und einer vom Höhlenportal talwärts verlaufenden Wasserzone feststellen. Die Strahlungsstärke läßt die Vermutung zu, daß die beiden Linien das Globalgitternetz überlagern, obwohl diese Annahme bisher nicht verifiziert werden konnte. Etwa in der Mitte des Hanges, über den der Aufstieg zum Höhlenportal führt, befindet sich ein weiterer stark strahlender Punkt. Die talwärts verlaufende Wasserzone wird hier von je zwei positiven Wasserstreifen, Global- und Diagonalzonen gekreuzt.

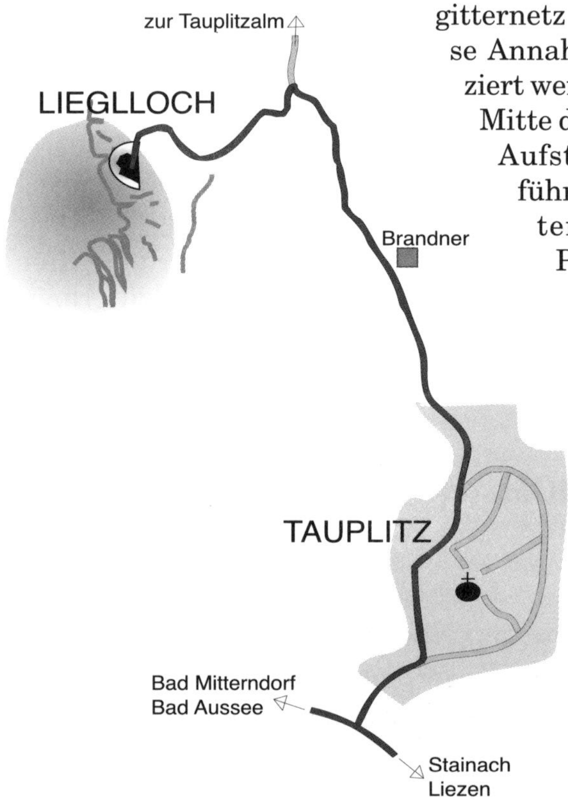

03 Auf dem Stein/Östliches Dachsteinplateau

Kurzbeschreibung:
Auf dem gesamten östlichen Dachsteinplateau, etwa vom Krippenstein bis zum Hochmühleck, wurde eine beträchtliche Anzahl von Felsritzzeichnungen festgestellt und aufgenommen. Oft sind es nur wenige Zeichen, die nebeneinander auf einem Wandabschnitt zu finden sind. Sie aufzusuchen – und sie dann auch noch tatsächlich zu finden! – bleibt der Mühe und Ausdauer ganz besonders Interessierter überlassen. Ein kleiner Teil davon soll trotzdem erwähnt wer-

den: jener am Rand der an sich schon beeindruckenden Karsthochfläche „Auf dem Stein". Im Zuge einer Tageswanderung hat man in diesem Bereich die Gelegenheit, einige „starke Plätze" zu besuchen. Westlich der Brandalm, nahe am markierten Weg, befindet sich eine flache Karsthöhle mit Darstellungen von Sonnenrad und Leitern. Nur ein kleines Stück weiter, am Rotlackensteig, findet man an einer flachen Felsplatte ähnliche Darstellungen. Sie sind allerdings nicht immer sichtbar. Das Schmelzwasser im Frühling deckt sie oft mit Abraummaterial zu. Erst nach einem heftigen sommerlichen Regen, der die Felsplatte abwäscht, sind sie dann wieder sichtbar.
Auf diesem Weg gibt es weitere Ritzzeichnungen an mehreren Stellen zwischen Stoderzinken und Mooseck sowie entlang der Route, die vom Mooseck Richtung Salzastausee und weiter nach Bad Mitterndorf führt.

Anfahrt:
Von Liezen kommend auf der Bundesstraße 146 nach Gröbming. Durch Gröbming weiter nach Winkl und Weyern. Der markierte Wanderweg führt durch die Ortsmitte von Weyern.

Routenvorschlag:
Von der Ortsmitte Weyern auf dem markierten Weg durch die landschaftlich eindrucksvollen „Öfen" auf den Seeboden und weiter über Rahnstube, Brandmoos und Eckangerl auf die Viehbergalm. Von dort weiter über Miesboden und Kammalm zum Reutl. Dann entweder durch das Finstertal Abstieg nach Oberlangdorf oder über die Klausgruberhütte weiter Richtung Salzastausee.

04 Salzofenhöhle bei Grundlsee

Kurzbeschreibung:
Unter der Vielzahl von Höhlen und Schlunden in der Karstlandschaft des Toten Gebirges hat die Salzofenhöhle eine – kulturhistorisch begründete – Sonderstellung. Sie war nämlich nachweislich von nacheiszeitlichen Bärenjägern bewohnt oder wurde von diesen zumindest zu kultischen Zwecken aufgesucht.

Die Ausgrabungen im Höhlenbereich förderten nicht nur Steinwerkzeuge und die Reste einer über lange Zeit benutzten Feuerstelle zutage, sondern auch Bärenknochen und Bärenschädel. Aus der Art, wie die Bärenschädel bestattet waren und auch aus den gefundenden durchbohrten Wirbelknochen der Bären kann man darauf schließen, daß in der Salzofenhöhle eine Art Bärenkult, ein jagdmagisches Ritual, vollzogen worden sein dürfte. Außer den Steinwerkzeugen und den vermutlich kultisch gebrauchten Bärenschädeln und Wirbelknochen wurde kaum etwas gefunden, das man dem alltäglichen Gebrauch zuordnen kann. So läßt sich vermuten, daß die Salzofenhöhle weniger als Unterkunft während der Jagdzeit, sondern tatsächlich als Kulthöhle aufgesucht wurde.

Anfahrt:
Vom Ennstal aus über die Salzkammergut-Bundesstraße 145 nach Bad Aussee und weiter zum Grundlsee. Der Ausgangspunkt der Tour ist Gößl am östlichen Ende des Grundlsees.

Zugang:
Von Gößl aus auf dem markierten Weg über steile Kehren durch die Abbrüche der Gößlerwand und weiter auf die Gößler Alm. Durch das Längtal Richtung Salzofen. Knapp unterhalb des Gipfels befindet sich das Portal der Salzofenhöhle. Es weitet sich unmittelbar nach dem Eingang zu einem großen Raum.

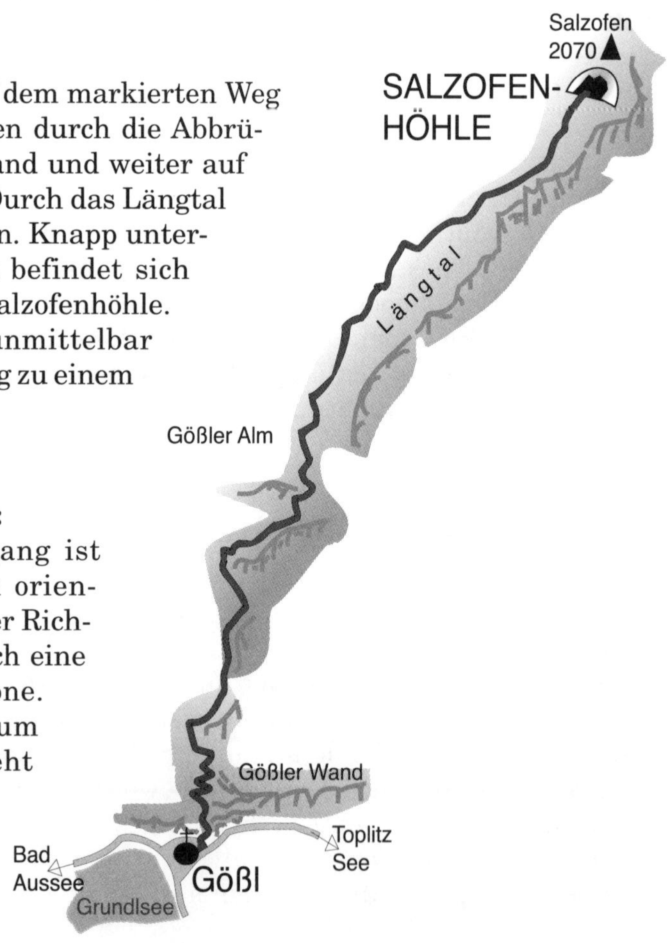

Geomantische Auffälligkeiten:
Der Höhleneingang ist nach Südwesten orientiert, und in dieser Richtung verläuft auch eine starke Wasserzone. Beim Anstieg zum Höhlenportal geht man durchwegs auf dieser Linie – durch das gesamte Längtal

etwa ab der Gößler Alm. Die Wasserlinie wird regelmäßig von den Globalgitterlinien in einem spitzen Winkel geschnitten. Dabei fällt auf, daß sich die Gitterlinien in nächster Nähe zum Höhleneingang verdichten. Unmittelbar hinter dem Höhlenportal und wahrscheinlich in jenem Bereich, in dem die Feuerstelle gefunden wurde, befindet sich ein auffallend stark strahlender Punkt. Hier kreuzt sich zumindest die Wasserzone mit einer sehr starken Gitterlinie und zwei Diagonalzonen.

05 Drachenhöhle bei Mixnitz

Kurzbeschreibung:
Sie ist wohl eine der bekanntesten und eindrucksvollsten Höhlen der Steiermark und führt tief in das Innere des Hochlantsch. Gemeinsam mit der Bärenschützklamm stellt sie ein beliebtes Ausflugsziel in der näheren Umgebung von Graz dar. Durch eine Vielzahl von Funden, die in der Abteilung für Vor- und Frühgeschichte des Museums im Schloß Eggenberg besichtigt werden können, ist belegt, daß die Drachenhöhle vom Neolithikum bis gegen Ende der Bronzezeit als Wohnhöhle diente.

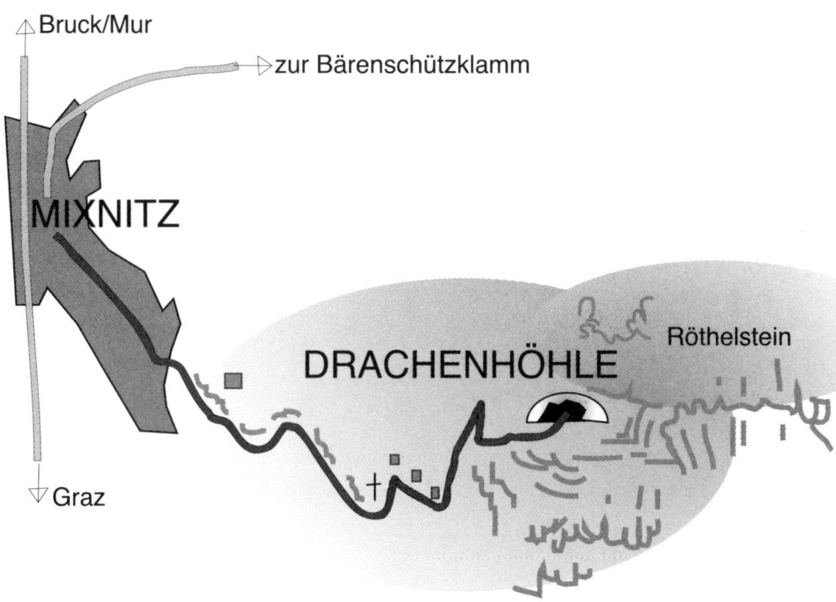

Anfahrt:
Von Graz Richtung Bruck/Mur. Nach dem Ende der Schnellstraße bei Röthelstein führt die Abzweigung über die Murbrücke direkt nach Mixnitz.

Zugang:
Auf dem gut markierten Weg vom Ortszentrum Mixnitz zuerst nach Süden, dann beim Weizentaler nach links abbiegen und bergan bis zu dem in 950 Meter Seehöhe liegenden Höhleneingang.

06 Zigeunerloch bei Gratkorn

Kurzbeschreibung:
Der Kalkstock neben dem linken Murufer birgt Spuren menschlicher Besiedelung von der mittleren Steinzeit bis zur Hallstattzeit. Im Mittelalter trug er schließlich die Festung Lueg. Oberhalb des nahe am Boden befindlichen Zigeunerlochs, einem über die Steiermark hinaus bedeutsamen Fundort mesolithischer Kultur, gibt es noch mehrere Felsnischen und Halbhöhlen, deren zumindest zeitweilige Nutzung als Wohnraum ebenfalls durch Funde belegt ist.

Anfahrt und Zugang:
Von Graz-Andritz nach Gratkorn. Das Zigeunerloch befindet sich unmittelbar neben der Straße.

Markierungen: Schalensteine, Lochsteine, Rutschsteine

Aus den Sagen und Legenden sind sie nicht wegzudenken: die großen Steine, die Hexenbänke und Herrgottsitze, die Trittplatten, Schlupfsteine, Rutschsteine, Lochsteine oder Schalensteine. Diese Markierungen, die wir im europäischen Bereich im groben der Megalithkultur zuschreiben, finden sich nicht nur im gesamten Alpenraum und nicht nur in Europa und Kleinasien. Es gibt sie auch in Süd- und Mittelamerika, in Indien und auf pazifischen Inseln. Allen gemeinsam ist, daß ihre immense Bedeutung im Kult zweifelsfrei feststeht. Darüber hinaus steht allerdings nichts fest. Wir haben begründete Vermutungen, was die Bedeutung der Menhire und Dolmen angeht. Wir wissen aus dem Brauchtum rund um die Rutschsteine, das teilweise bis heute lebendig ist, über diesen Aspekt recht gut Bescheid. Aber was die Schalensteine angeht, von denen es auch in der Steiermark viele gibt, sind wir ausschließlich auf Spekulationen angewiesen.

Die Schalensteine

treten dort in auffällig großer Zahl auf, wo es auch andere Zeugnisse der Megalithkultur zu finden gibt. Zwei Merkmale sind allen gemeinsam: Sie weisen Vertiefungen auf, die künstlich hergestellt – ausgebohrt oder ausgerieben – wurden, und der gesamte Stein ist nach Osten ausgerichtet. Darüber hinaus zeigen sie eine fast unüberschaubare Vielfalt an Variationen. Es gibt welche mit nur einer oder zwei Schalen und andere mit 30 oder mehr. Manche tragen eingeritzte Zeichen, andere haben eine naturbelassene Oberfläche, und einige dürften geglättet worden sein. Die Fläche, in welche die Schalen gerieben wurden, sind oft annähernd waagrecht, die Schalen oder Näpfchen demgemäß Vertiefungen in senkrechter Richtung. Das scheint logisch, wenn man annimmt, daß die Vertiefungen zur Aufnahme von Opfergaben – beispielsweise Tierblut – gedient haben sollen. Es gibt aber auch eine große Zahl von Schalensteinen mit stark geneigten Flächen und Vertiefungen. Da kommt man mit der Vermutung hinsichtlich flüssiger Opfergaben nicht mehr weiter: In eine schräggestellte Schale kann man nichts einfüllen.

Die Deutungen des Phänomens Schalenstein gehen in alle nur denkbaren Richtungen. Die einen sehen darin bloß das Zeugnis vom Spieltrieb des prähistorischen Menschen. Andere glauben, daß das feine Steinmehl, das beim Ausreiben der Schalen gewonnen wurde, als Medizin Verwendung fand. Diese Interpretation zeigt gewisse Verbindungen zur Volksmedizin, wo noch in jüngster Zeit Steinmehl bestimmter Konsistenz für Heilzwecke gebraucht wurde. Wieder andere Forscher meinen, daß das Löcherbohren in Stein nichts anderes war als eine symbolische Begattung der Mutter Erde.

Eines ist noch aus geomantischer Sicht anzumerken – der dritte Punkt der Gemeinsamkeiten aller Schalensteine: Sie liegen, bezogen auf das Globalgitternetz, immer in einer neutralen Zone. Niemals auf einer Gitterkreuzung oder auf einer Gitterlinie, sondern meist im Mittelpunkt das – annähernden – Rechtecks zwischen den Globalgitterlinien.

Von der Größe und Form der gebohrten oder geriebenen Vertiefungen her gesehen ist eine Unterteilung in Schalen- und Näpfchensteine durchaus angebracht. Es gibt Schalen, die groß genug sind, daß sich ein Mensch hineinsetzen kann. Die Näpfchen dagegen reichen oft nicht einmal für eine Hand. Diese Näpfchensteine findet man besonders oft an Dolmen und Hügelgräbern. Und zwar nicht nur innen, sondern auch außen, vor allem an der Ostseite. In diese Näpfchen soll als eine Form des Opfers Fett geschmiert worden sein. Poröser Stein nimmt Fett auf, die Annahme des Opfers war somit sichtbar.

Eine andere Form des Opfers an Schalen- oder Näpfchensteinen hat sich in Spuren bis heute erhalten. Manchmal ist es üblich, daß die vorbeigehenden Einheimischen Feldblumen, Beeren, Steine oder auch Münzen in die Schalen oder Näpfchen legen. Frei nach dem Motto „Nutzt's nix, schadt's nix“ – das Prinzip, das dem Volksglauben auch in unserer Zeit das ruhige Weiterleben im Verborgenen sichert.

Um die Schalensteine rankt sich einiges an Sagen und Legenden. Meist in christlicher Ausformung, wie beim schon erwähnten Katharinenstein. Bei Schalensteinen ist es oft Maria, die dort ihr Kind gebadet haben soll. Manche Schalensteine wurden beim Bau von Kirchen miteinbezogen. Ein Beispiel dafür ist Bad Aussee. Der an der Außenwand der Pfarrkirche eingemauerte Schalenstein dürfte tatsächlich an seinem Platz belassen und in den Bau integriert worden sein.

Schalensteine haben im lokalen Brauchtum noch heute eine gewisse Bedeutung. Das Regenwasser, das sich in der Schale sammelt, wird häufig als heilkräftig für ganz bestimmte Leiden angesehen. Und Wasser, das aus einer Quelle in einen Schalenstein rieselt – wie in Schüsserlbrunn –, gilt meist als Heilbründl.

Wer die Schalensteine sucht, muß das mit offenen Augen tun. Sie unterscheiden sich manchmal kaum von Kalksteinblöcken mit ihren natürlichen Auswaschungen. Schon um 1870 schrieb Ferdinand Keller, der „Vater der Pfahlbaukunde", über die Schalensteine: „*Wer noch keine solchen Grübchen oder Schalen gesehen, beachtet sie nicht; und wer sie zum ersten Male sieht, aber ihre Bedeutung nicht kennt, hält sie für Vertiefungen, die durch einen Verwitterungsprozeß entstanden sind. Wer aber von der Existenz und Beschaffenheit solcher Denkmäler gehört und auf waldigem Hügelvorsprung die tausendjährige Moosdecke eines Felsblocks abgeschält und eine Anzahl wohlerhaltener Schalen bloßgelegt hat, zweifelt nicht mehr, daß der Stein trotz seines rohen Aussehens in die Reihe der aus grauer Vorzeit herstammenden Monumente zu setzen ist.*"

Mannsteine und Lochsteine

sind eine besondere Art der wohlbekannten Menhire. Die „langen Steine" dürften vielschichtige Bedeutung gehabt haben. Offensichtliche Unterschiede in ihrer Ausformung deuten darauf hin. Wir können diese Unterschiede und in diesen eine gewisse Gesetzmäßigkeit feststellen. Die Bedeutung dieser Unterschiede können wir über weite Strecken jedoch nur intuitiv erfassen.

Die Menhire an sich dürften vor allem zwei Funktionen erfüllen: Markierung und Strahlungsverstärker. Zum Steinkreis angeordnet stellen sie die machtvolle Abgrenzung eines heiligen Bezirks dar. Sind die Menhire jedoch durchbohrt, mit einem Loch in bestimmter Höhe versehen, gibt es ein gewisses Spektrum an Interpretationsmöglichkeiten. Man kann bei der volkstümlichen Benennung beginnen und aus der Bezeichnung „Mand'ln und Weib'ln" – letztere für die Lochsteine – gewisse Rückschlüsse ziehen. Man kann aber den Lochstein für sich sehen und sich Gedanken über die Funktion des sorgfältig gebohrten Lochs machen. Das war schließlich eine Heidenarbeit, die sich niemand grundlos angetan hat. Deutlich mehr als eine Vermutung ist deshalb die Annahme, daß Lochsteine astronomischen Zwecken gedient haben: als Kalendersteine. Zumindest bei jenen Lochsteinen, die noch an ihrem ursprünglichen Ort stehen – manche wurden im Zuge der landwirtschaftlichen Nutzung der Flächen versetzt oder einfach beiseite geräumt – läßt sich diese Funktion auch heute noch genau nachprüfen. An den markanten Tagen des Jahres, das sind Tag- und Nachtgleiche im Frühling und im Herbst sowie die Sommersonnenwende, scheint die Sonne bei Sonnenaufgang durch das Loch auf einen Punkt im Westen des Lochsteines. Es ist anzunehmen, daß dieser Punkt besonders markiert war und die Anlage mit dem Lochstein Teil eines Kultbezirks war. Dafür spricht, daß man in der Umgebung von Lochsteinen immer auch andere Spuren megalithzeitlichen Kults findet: Reste von Steinkreisen, Steinreihen, Schalensteine oder Opfersteine, Brandopferplätze.

Dieser Lochstein im Rabenwald nördlich von Stubenberg zeigt an der Rückseite den Versuch einer zweiten Bohrung.

Lochsteine als Kalendersteine haben in der bäuerlichen Kultur der Vorzeit eine immense praktische Bedeutung. Der „richtige Zeitpunkt" ist für die Aussaat wichtig, und es ist anzunehmen, daß er von den Schamanen festgestellt wurde. Man kann die Entstehungszeit der Lochsteine aus diesem Grund mit der Zeit der beginnenden bäuerlichen Landbewirtschaftung gleichsetzen. In einer nomadischen oder teilnomadischen Jäger- und Sammlergesellschaft war der Kalender von untergeordneter Bedeutung.

Aus geomantischer Sicht sind die „langen Steine" das glatte Gegenteil der Schalensteine. Man kann deshalb auch mit der Wünschelrute feststellen, ob sich ein Menhir oder Lochstein noch an seinem ursprünglichen Platz befindet. Menhire und Lochsteine wurden immer auf Kreuzungspunkten von Strahlenverläufen aufgerichtet. Meist sind es nicht bloß Kreuzungen von zwei Globalgitterlinien, sondern außerdem von Wasseradern, und oft stehen Menhire auf Schnittpunkten ganzer Kraftlinienbündel. Der an diesem Punkt errichtete Stein wirkt als Verstärker: Er schwingt mit der Wouivre mit und strahlt die Schwingung ab. Selbst Lochsteine sind nicht nur hinsichtlich ihrer offensichtlichen astronomischen Funktion ausgerichtet, sondern zusätzlich nach dem Kraftlinienverlauf ihres Standortes.

Rutschsteine

haben sich ihre Bedeutung im Volksglauben oft bis in unsere Zeit erhalten. Sie sind der Rest eines Fruchtbarkeitskultes, bei dem die Fruchtbarkeit der Erde bzw. der Erdmutter direkt auf den Menschen, auf die Frau übertragen wurde. Dieser Kult ist in den lokalen Legenden fest verwurzelt. Er dürfte sich unverändert von der Bronzezeit bis in die jüngste Vergangenheit erhalten haben: Frauen, die sich Kinder wünschen, rutschen – möglichst mit entblößtem Unterleib – über den Stein. In der Schweiz werden die Rutschsteine sinnigerweise „Kindlisteine" genannt, und im „Handwörterbuch des deutschen Aberglaubens" werden unter dem Stichwort „Stein" Orte aufgezählt, wo Frauen einen Stein umkreisen oder über ihn rutschen. Oftmals wurde der Rutschstein, bevor ihn die Frau bestieg, mit Fett gesalbt. Das hat nur oberflächlich gesehen den praktischen Sinn, ihn gleitfähiger zu machen. Tatsächlich handelt es sich dabei um das uralte Fettopfer: Fett bedeutet Reichtum und Überfluß. Das Fettopfer vor dem Rutschen ist somit ein einfaches Geben und Nehmen. Die Frau, die die Erde und stellvertretend für diese den Stein um Fruchtbarkeit bittet, gibt zuerst dem Stein selbst in der Form des Fettopfers. Die Erfüllung ihrer Bitte erfolgt dann als Gegenleistung für die Opfergabe.

07 Die Schalensteine in Schüsserlbrunn

Kurzbeschreibung:
Alle Wege führen nach Schüsserlbrunn, könnte man sagen. Egal, ob von Mixnitz, Pernegg, Breitenau oder St. Jakob aus – alle sind sie Fußwege und erfordern eine Gehleistung von etwa drei bis vier Stunden. Das alte Quellheiligtum mit dem sehr schönen Schalenstein liegt knapp unterhalb des Hochlantschgipfels in 1398 Meter Seehöhe (Hochlantsch 1720 Meter). Der Hochlantsch mit seiner Kegel- bzw. Pyramidenform stellt auch von seinem Charakter das dar, was man unter einem „Heiligen Berg“ versteht: Seine Form hat etwas Anziehendes im numinosen Sinn, der Kegel „zieht nach oben“ – er hat Anziehungskraft im wahrsten Wortsinn. Diese Naturheiligkeit des Platzes wurde schon in frühester Zeit erkannt. Das Quellheiligtum dürfte als Opferplatz und Initiationsort schon in der Keltenzeit Bedeutung gehabt haben.

Die solch starken Plätzen eigene Kultdynamik ließ das Quellheiligtum zu einem christlichen Wallfahrtsort werden. Wie viele Heilquellen der Gottesmutter geweiht, heißt der Platz heute Maria Schüsserlbrunn. Die traditionellen Wallfahrtstage sind der Sonnwendtag sowie der 2., 25. und 26. Juli.

Die Wallfahrtskapelle wurde im Jahr 1951 neu errichtet, nachdem ein Felssturz die etwa 25 Meter weiter östlich und näher an der Quelle liegende Kapelle zerstört hatte. Vor der Errichtung der alten Kapelle soll der Platz von einem Eremiten gehütet worden sein.

Das eigentliche Quellheiligtum ist das Bründl mit den Schalensteinen in einer flachen Grotte in der Felswand hinter der Kapelle. Tritt man an die Quellgrotte heran, so befindet sich rechts vorne ein Schalenstein mit etwa 30 Zentimetern Durchmesser. Er wird von jenem Quellwasser gespeist, das über die darüberliegende Felsplatte rieselt. Links hinter diesem Schalenstein befindet sich ein zweiter, etwas kleinerer, der mit sehr klarem, kaltem Wasser gefüllt ist. Es tropft frei und in unregelmäßigen Abständen vom Fels in die Schale.

In der Felswand oberhalb und rechts von der Quellgrotte fallen insgesamt zehn Löcher auf. Sie haben eine annähernd dreieckige Form, ungefähr die gleiche Größe – etwa drei Zentimeter Durch-

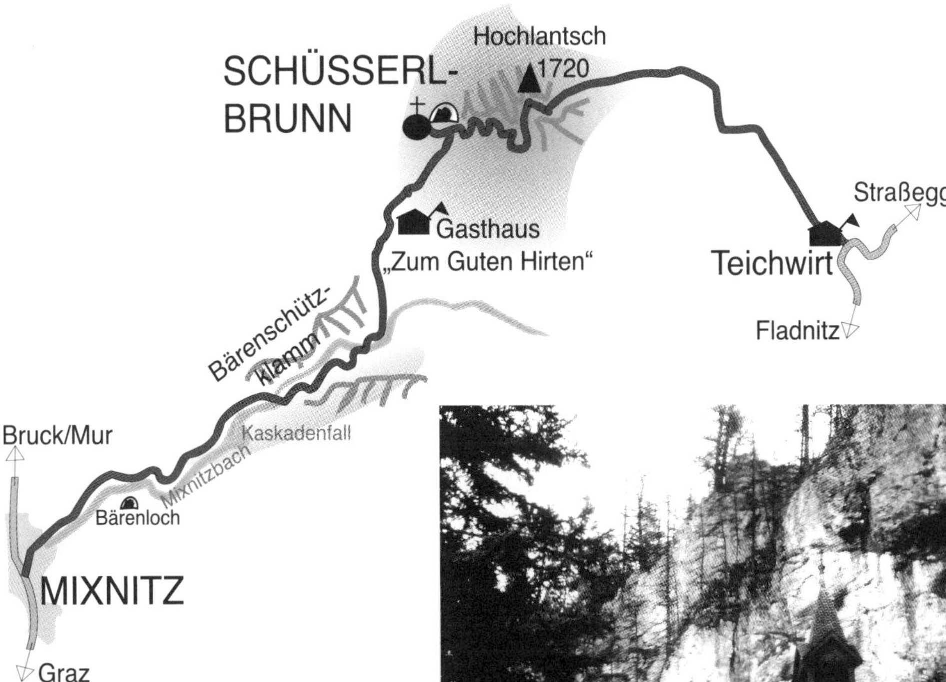

Schüsserlbrunn: Die Wallfahrtskapelle (oben) und die Grotte, welche das Bründl und die Schalensteine birgt (links).

messer – und sind zweifelsfrei künstlich hergestellt. Es kann sich um kleine Opferschalen handeln, aber genausogut um Bohrlöcher, die bei der Gewinnung von heilkräftigem Steinmehl entstanden sind.

Zufahrt:
Entweder von Graz aus durch das Murtal nach Mixnitz oder zwischen Mixnitz und Pernegg auf die Straße in den Roßgraben und weiter nach St. Jakob-Breitenau. Der bequemste Weg beginnt beim Teichwirt auf der Teichalm. Man erreicht die Teichalmstraße von Weiz kommend über St. Kathrein am Offenegg oder von Passail über Fladnitz.

Zugang:
Von Mixnitz auf dem markierten Wanderweg durch die Bärenschützklamm und über das Berggasthaus „Zum Guten Hirten" weiter auf dem markierten Weg Richtung Schüsserlbrunn.

Geomantische Eigenschaften:
Daß die alte Wallfahrtskapelle rund 25 Meter weiter östlich lag, dürfte auch im Wissen um die Strahlenverläufe begründet gewesen sein. Unmittelbar vor der Quellgrotte befindet sich nämlich ein sehr stark strahlender Punkt, von dem sich eine rasch schwächer werdende Reaktionszone nach Westen erstreckt. Der Punkt ist zumindest eine Kreuzung von je zwei Global- und Diagonalgitterlinien, wobei erstere zwei gleich verlaufende positive Wasserzonen überlagern dürften. Daß sich Wanderer, Pilger und Kultplatzsucher in Schüsserlbrunn so wohl fühlen, dürfte zu einem wesentlichen Teil im ausgeprägt positiven Charakter des Ortes im geomantischen Sinn begründet sein.

08 Die Megalithe in St. Pankrazen ob dem Södingtal

Kurzbeschreibung:
Der Platz ist nicht leicht zu finden und das ist vielleicht sein Glück. Denn dieser Ort ist wahrscheinlich jener Kultplatz der Steiermark, der sich seine Ursprünglichkeit am ehesten bewahren konnte. Die

Steingruppe weist zwar in der örtlichen Pankrazi-Legende eine Beziehung zum heiligen Pankratius auf. Aber sowohl die Legende als auch der Platz selbst sind nur wenigen Leuten bekannt. Oder wie es ein Bauer aus St. Pankrazen ausdrückt: Man weiß zwar davon, aber man geht nicht hin. Vielleicht spielt dabei die unterschwellige Scheu vor dem heidnischen Kultplatz eine Rolle, sicher aber die radiästhetischen Eigenschaften des Platzes: Er weist durch ein Bündel von Strahlenkreuzungen ein derart starkes Strahlungspotential auf, daß dort selbst die Bäume nur verkümmert wachsen.

Die Steingruppe besteht aus drei Steinen und erinnert in der Anordnung an einen Rumpf mit gespreizten Beinen. Der vordere Stein trägt auf der linken Seite eine flache Schale und darüber eine Bohrung. Sie dürfte am ehesten der Gewinnung des heilkräftigen Steinmehls zuzuschreiben sein. Der mittlere Stein ist ein Sitzstein mit ausgeprägter Schale. Der Legende nach war das der Stein, auf dem der heilige Pankratius zu sitzen pflegte. Der dritte Stein, vom Sitzstein getrennt, ist offensichtlich ein Rutschstein. Er ist etwa eineinhalb Meter hoch und weist eine gesäßbreite glatte Rinne auf. Einige rautenförmige Ausnehmungen im Stein dürften natürlichen Ursprungs sein, könnten aber trotzdem im Zusammenhang mit Kulthandlungen, beispielsweise für Opfergaben, genutzt worden sein.

Nach Anordnung und Charakter weist die Steingruppe mit einer Deutlichkeit, die sonst kaum in diesem Ausmaß zu finden ist, auf die Art des an diesem Platz geübten Kultes. Es war zweifelsfrei ein Fruchtbarkeitskult. Der Opferstein diente für das rituelle Opfer, der Sitzstein kann entweder der symbolische Platz der Fruchtbarkeits- und Erdgöttin während der Zeremonie gewesen oder auch von der Priesterin stellvertretend eingenommen worden sein. Der Rutschstein schließlich war das Instrument, das den Segen der Fruchtbarkeit von der Göttin auf die Empfangende übertrug. Diese Übertragung erfolgte in der Weise, daß die Frau nackt oder zumindest mit nacktem Gesäß über den Stein rutschte und so die Kraft aus dem Stein in ihren Unterleib aufnahm.

Zufahrt:
Von Graz entweder auf der Autobahn A 2 Richtung Kärnten bis zur Abfahrt Lieboch und von dort auf der Bundesstraße 70 Richtung Voitsberg bis Pichling. Dort biegt man ab Richtung Hitzendorf und folgt dann der Straße nach Stiwoll. St. Pankrazen liegt ungefähr auf dem halben Weg zwischen Stiwoll und Großstübing. Die Zufahrt

ist auch aus der anderen Richtung – aus dem Murtal von Peggau über Großstübing – möglich.

Zugang:
Von der Kirche in der Ortsmitte geht man auf der Straße nach Süden und erreicht etwa 150 Meter nach der Ortstafel St. Pankrazen einen Waldweg, der rechts – also nach Westen – von der Straße abbiegt. Diesem Waldweg folgt man bis zu einer Gabelung und hält sich dann links. Der Weg führt direkt zur Lichtung mit der Steingruppe.

Geomantische Eigenschaften:
Die Lichtung ist keine Folge forstwirtschaftlicher Maßnahmen, sondern auf der Strahlungsqualität des Platzes begründet. Auf sehr starken Reaktionszonen ist der Pflanzenbewuchs deutlich schwächer ausgeprägt als in neutralen Bereichen. Das läßt sich an diesem Kultplatz genau nachvollziehen. Das Zentrum ist ein stark strahlender

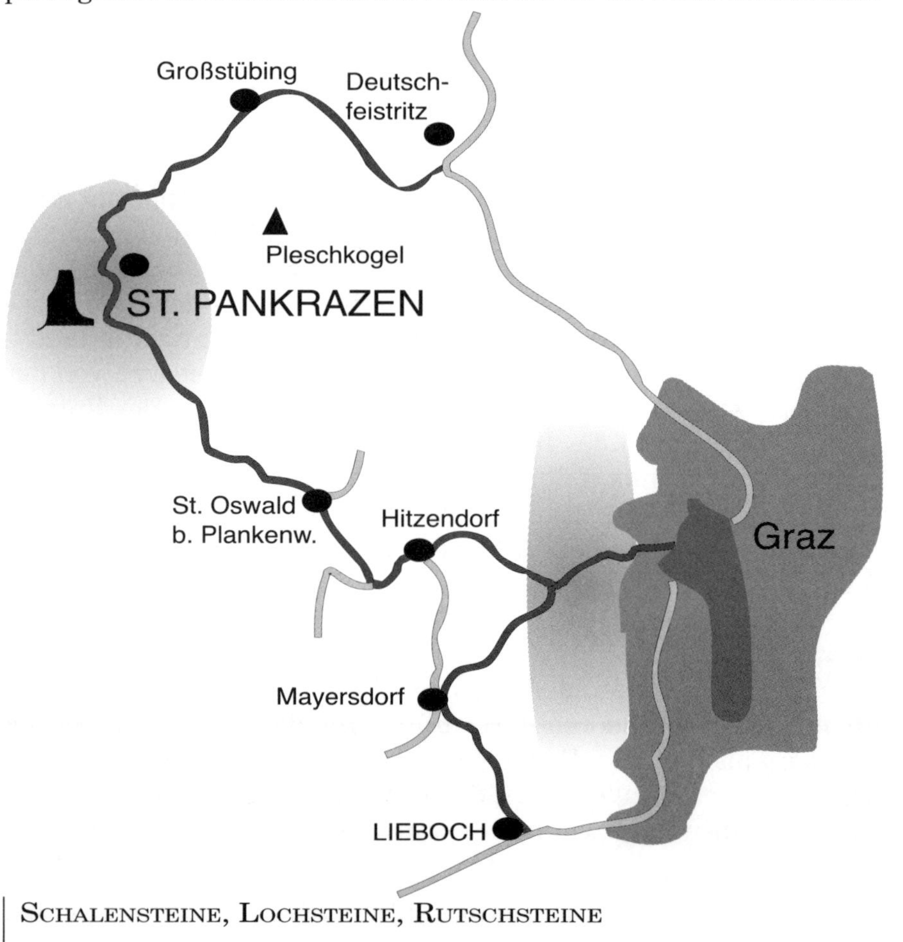

Punkt zwischen dem Sitzstein und dem Rutschstein. Von ihm gehen sechs auffallend starke Wasserlinien aus. Es ist auch möglich, daß es nur drei Linien sind, die sich in diesem Punkt kreuzen. Die Heftigkeit des Rutenausschlags deutet aber eher in Richtung von sechs Wasserstreifen, die in diesen Punkt – in diesem Fall eine bilderbuchhafte blinde Quelle – münden. Auffallend ist weiters, daß dic Globalgitterlinien im Bereich der Lichtung deutlich auseinanderweichen und entsprechend dazu auch das Diagonalgitternetz in auffallend weiten Abständen verläuft. Nur eine einzige der sechs Wasserzonen wird von einer Globalgitterlinie überlagert.

Die Megalithe im Gebiet Strallegg - Miesenbach

Insgesamt dürfte es in der Oststeiermark im Gebiet zwischen dem Kulm und dem Hartberger Ringkogel weit über hundert Mannsteine und Lochsteine geben. Der Raum Strallegg - Miesenbach dürfte hinsichtlich der „Steindichte" im europäischen Spitzenfeld liegen. Obwohl man zwischen Mannsteinen und Lochsteinen unterscheidet, ist der Übergang zwischen den beiden Menhirformen nicht klar abzugrenzen. Hat der Mannstein ein Seelenloch, das den Durchgang der Seele ermöglichen sollte oder dazu diente, die Sonnenstrahlen an einem genau bestimmten Tag auf einen exakten Punkt zu richten, ist er als Lochstein anzusehen.

Wichtig ist in jedem Fall der Standort des Menhirs. Viele der Steinmale stehen nicht mehr an ihrem ursprünglichen Platz. Aus ästhetischen Erwägungen oder wegen Notwendigkeiten, die sich aus der landwirtschaftlichen Nutzung ergaben, wurden sie versetzt. Dieser Umstand läßt sich mit der Wünschelrute meist auf einfache Art nachweisen. Menhire, die noch an ihrem angestammten Platz stehen, kennzeichnen durchwegs eine auffällige Strahlenkreuzung.

Aus der Vielzahl der Steinmale in der Oststeiermark sollen nur einige beispielhaft vorgestellt werden. Ihre Lage ist in der Skizze im Anschluß an die Beschreibung eingetragen. Wer sich diese Landschaft erwandert, wird ohne viel Suchen eine beträchtliche Anzahl von weiteren Steinmalen finden. Zudem gibt es im Gebiet Strallegg – Miesenbach seit kurzem einen gut markierten „Kultweg".

Zufahrt nach Strallegg und Miesenbach:
Von Gleisdorf auf der Bundesstraße 64 nach Weiz und weiter auf der Bundesstraße 72 nach Birkfeld. In Birkfeld zweigt die Straße nach Miesenbach ab. Nach Strallegg gelangt man entweder über Miesenbach oder die Bundesstraße 72 weiter Richtung Ratten, wo nach einigen Kilometern schließlich rechts die Straße nach Strallegg abzweigt.

09 Mannsteine beim Steinbauern

Zugang und Kurzbeschreibung:
Vom Ortskern Miesenbach auf der Straße zum Dorfviertel und dem markierten Weg weiter zum Lüßbauern. Über den Kirchberger erreicht man den in rund 1000 Meter Seehöhe liegenden Hof des Steinbauern. Nahe der Einfahrt steht ein großer Mannstein mit Seelenloch. Rund um den Hof gibt es weitere Mannsteine.

10 Lochsteine beim Kulmbauern

Zugang und Kurzbeschreibung:
Von Miesenbach auf der Straße Richtung Wenigzell bis zum Kreuzwirt, von dort auf dem Wanderweg auf die Wildwiese und weiter zum Kulmbauern oder den Miesenbachweg entlang bis zum Sorger und weiter über den Doppelhofer zum Kulmbauern. Der Hof ist von einer Anzahl von Lochsteinen umgeben.

11 Lochstein beim Gasthof Wildwiese

Zugang und Kurzbeschreibung:
Wie vorher – der Gasthof ist nahe beim Kulmbauern. Neben dem Gasthaus steht unter einem Baum ein sehr schöner Lochstein. Die Wildwiese spielt übrigens in der regionalen Sagenwelt eine bedeut-

same Rolle. Hier soll der heilige Tannhäuser ruhen, ein berüchtigter Räuber und Mörder. Von Reue ergriffen soll er zum Papst gepilgert sein. Dieser aber verweigerte ihm die Lossprechung, so lange der dürre Wanderstab des Tannhäusers nicht wieder aufblühe. Enttäuscht floh der Tannhäuser vor dem Papst, ließ aber seinen Wanderstab zurück – und der Stab trieb Blüten. Der Papst schickte Boten aus, um den Tannhäuser zu suchen, aber umsonst. Die Kapelle neben dem Gasthaus wurde bereits 1851 errichtet und dient auch als Wallfahrtskapelle.

12 Altarstein beim Toten Mann

Zugang und Kurzbeschreibung:
Vom Ortszentrum Strallegg über die Straße Richtung Hofstätter. In der Kurve nach der Brücke über den Arbesbach beginnt der markierte Wanderweg, der nach knapp zwei Kilometern auf den Forstweg zum Toten Mann trifft.

Der Altarstein beim Toten Mann ist in mehrfacher Hinsicht eine Besonderheit. Er ist leicht zu finden, weil eine Tafel auf ihn hinweist. Knapp neben dem Weg liegt er unter Bäumen, ist etwa eineinhalb Meter lang, knapp einen Meter breit und fast einen halben Meter hoch. Seine Oberfläche zeigt tief eingravierte Ritzzeichnungen. Eindeutig identifizierbar sind Phallussymbol, eine Frauenfigur mit seitlich abgewinkelten Armen und das Sonnenrad in der Runenform. Die Kombination der Zeichen läßt auf eine Art Fruchtbarkeitsbeschwörung schließen: Phallus als Lebens-

Die Ritzzeichnungen auf dem Altarstein beim Toten Mann: Chiffre eines Fruchtbarkeitszaubers?

baum, Sonne als lebenspendende Kraft und Frauenfigur als Trägerin der Fruchtbarkeit. Ob ursprünglich tatsächlich eine Ausrichtung des Altarsteins nach der Sonnwendlinie bestand, wie angenommen wird, kann heute nicht mehr nachvollzogen werden. Der Altarstein wurde nämlich im Zuge des Wegbaues um einige Meter versetzt. Mit der Wünschelrute läßt sich sein ursprünglicher Standort allerdings zweifelsfrei feststellen. Am Wegrand befindet sich nämlich eine auffällige Strahlenkreuzung: Zwei positive Wasserzonen werden von Globalgitterlinien überlagert. Eine der Wasserlinien führt direkt zu einer naheliegenden Quelle, dem „Kühgrantl". Diese Quelle gilt als heilkräftig. In der Nähe der Quelle steht ein Lochstein, etwas weiter am Wegrand ein zweiter, der offensichtlich als Kalenderstein diente. Er weist nämlich an seiner Westseite in offensichtlich genau berechneten Abständen geritzte Linien auf, die den Sonnenstand zu bestimmten Jahrestagen markieren. Die Kombination aus allen diesen Elementen läßt die Annahme wahrscheinlich erscheinen, daß es sich bei diesem Platz um einen bedeutsamen Kultplatz gehandelt haben muß. Die zeitliche Einordnung bereitet gewisse Probleme. Sicher ist nur, daß zur Zeit der kultischen Nutzung des Platzes bereits Landwirtschaft betrieben worden sein muß, weil erst für den Bauern die Verbindung von Fruchtbarkeitsmagie und genauen Kalenderdaten von Bedeutung ist.

13 Lochstein am Kohlweg

Zugang und Kurzbeschreibung:
Auf der Straße von Strallegg nach Miesenbach zweigt beim „Spielhofer Kreuz" der Kohlweg ab. Nach einigen hundert Metern befindet sich rechts, etwas abseits vom Straßenrand, der Lochstein. Er dürfte an seinem ursprünglichen Platz stehen. Das Loch ist nämlich annähernd genau auf 290 Grad ausgerichtet – das ist der Sonnenuntergangspunkt am 1. Mai, dem Beltaine-Fest. Allerdings läßt sich aus diesem Umstand kein Hinweis auf das Alter des Lochsteins ableiten.

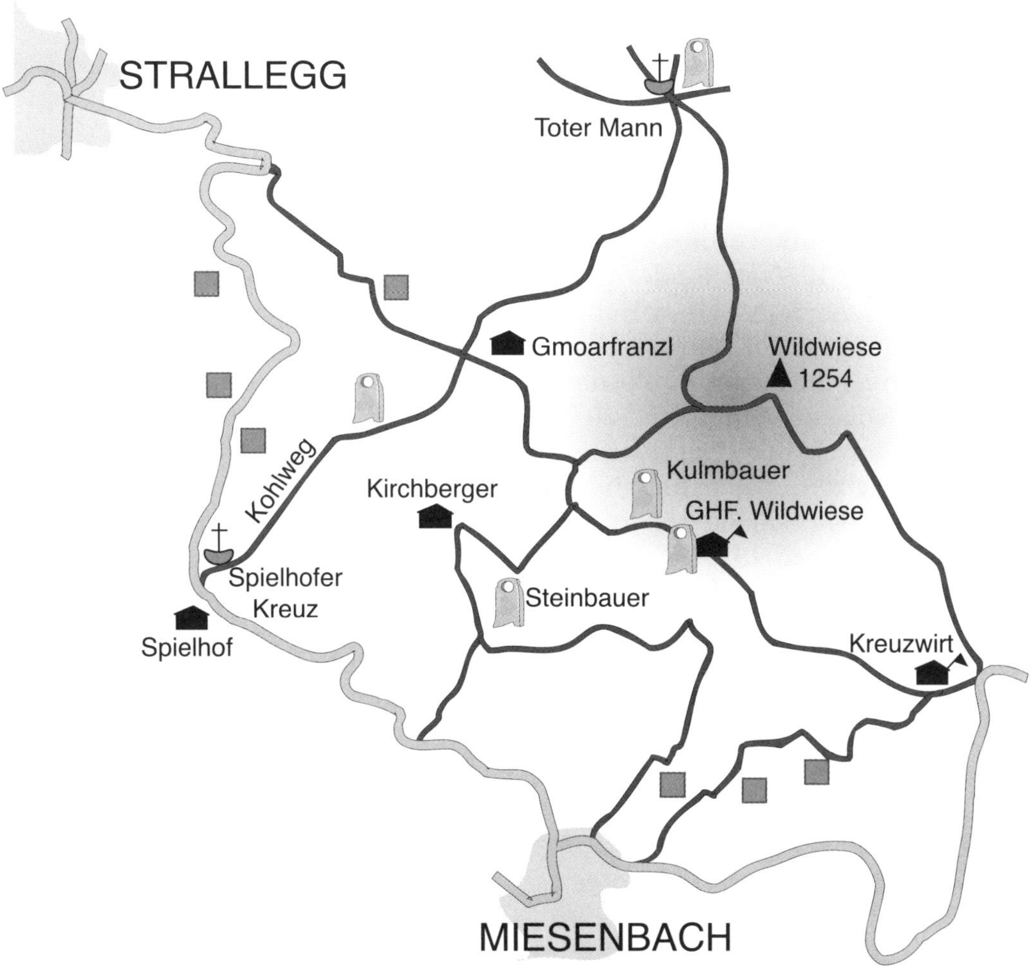

Der Lochstein am Kohlweg ist zum Sonnenuntergangspunkt am Tag des alten Frühlingsweihefestes Beltaine ausgerichtet.

14 Lochstein auf der Erzherzog-Johann-Höhe bei Vorau

Kurzbeschreibung:
Im Jahr 1960 stellte der Grundeigentümer Johann Kandlhofer auf der Erzherzog-Johann-Höhe acht Lochsteine aus der näheren Umgebung neu auf. Darunter befindet sich auch der gewaltige Gatterstein am höchsten Punkt des Hügels. Er ist etwa zwei Meter hoch, 80 Zentimeter breit und 20 Zentimeter dick. Das Durchbruchsloch ist konisch viereckig geschlagen. Der alte Stein wurde ohne Absicht so gesetzt, daß man am alten Johannistag zur Mittsommer-Sonnenwende den Sonnenaufgang genau durch das Loch beobachten kann. Im Jahrbuch 1991/92 der Gesellschaft für vergleichende Felsbildforschung merkt Dr. Lothar Wanke dazu an: *„Der Tiefenpsychologe C. G. Jung würde beim Zusammentreffen aller dieser Zufälligkeiten – Name des Ortes (Erzherzog-Johann-Höhe), Vorname des Steinsetzers (Johann) und Ausrichtung des Steins auf den Sonnenaufgangspunkt am Johannistag als zu beiden Namen zugehöriger Kalendertag – wohl von der Synchronizität der Bestimmung sprechen.“*

Am Johannistag fallen die ersten Sonnenstrahlen genau durch das Loch des Steins auf der Erzherzog-Johann-Höhe bei Vorau.

Zufahrt und Zugang:
Von der Autobahnabfahrt Friedberg-Pinggau auf der Bundesstraße 54 bis Rohrbach an der Lafnitz. Dort zweigt die Straße nach Vorau ab. Zur Erzherzog-Johann-Höhe gelangt man auf dem markierten Wanderweg Nummer „07“, der beim Stift Vorau beginnt.

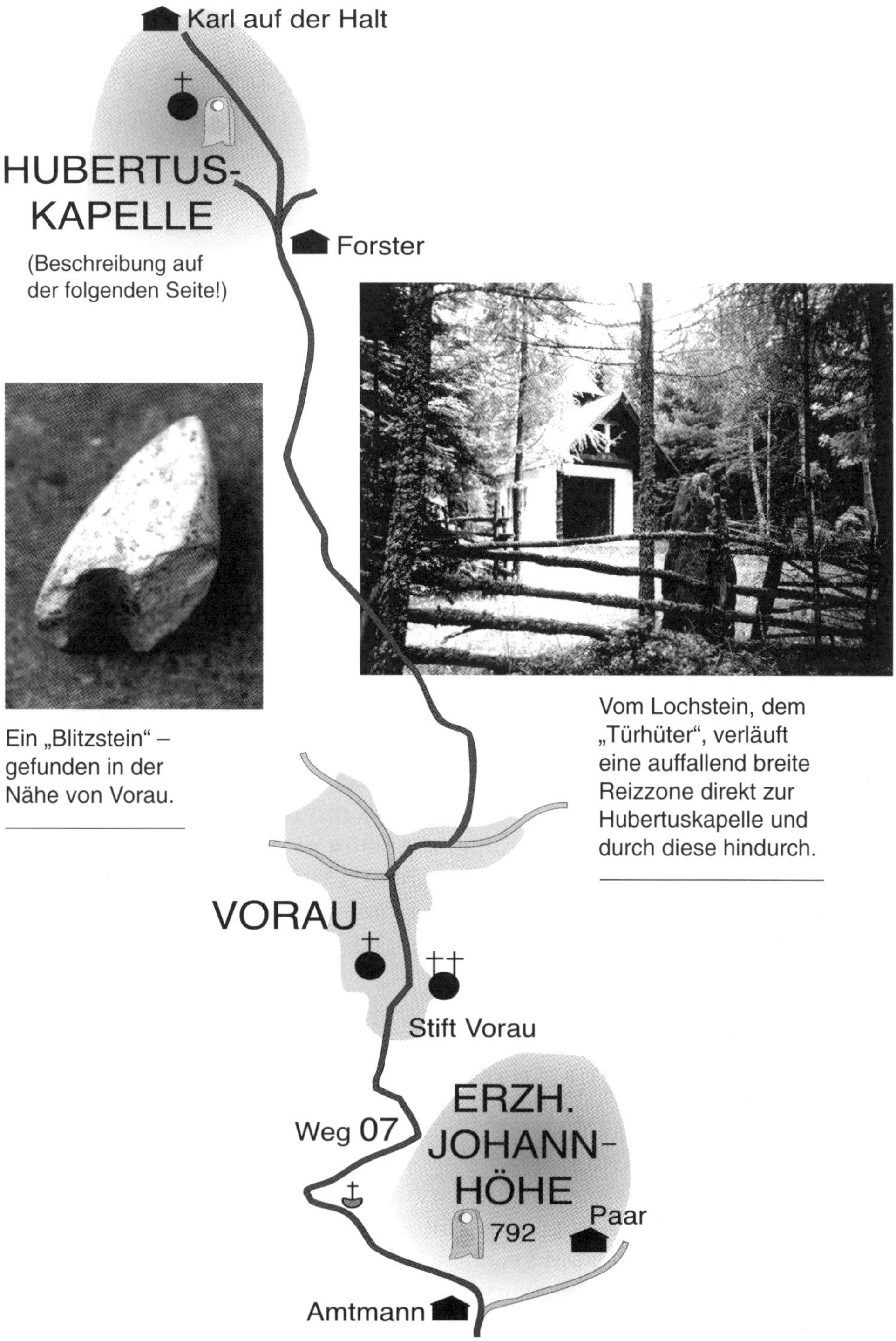

Ein „Blitzstein“ – gefunden in der Nähe von Vorau.

Vom Lochstein, dem „Türhüter“, verläuft eine auffallend breite Reizzone direkt zur Hubertuskapelle und durch diese hindurch.

15 Lochstein vor der Hubertus-Kapelle bei Vorau

Kurzbeschreibung:
Der Lochstein bei der Hubertuskapelle nördlich von Vorau gilt als Musterbeispiel für einen „Türhüterstein", der den Zugang zum „Heiligen Platz" bewacht. Die Kapelle auf der idyllischen Waldlichtung wurde erst Mitte der Siebzigerjahre errichtet. Von seiner geomantischen Qualität her ist der Ort für einen Kultplatz geradezu prädestiniert. Es gibt allerdings keinen Hinweis darauf, daß er früher einmal als solcher genutzt wurde.

Zufahrt und Zugang:
Von Vorau auf der Straße Richtung Forster und weiter bis zur Abzweigung des Wirtschaftsweges zum „Karl auf der Halt". Von dort zu Fuß das kurze Stück auf dem Weg zur Hubertuskapelle.

Geomantische Eigenschaften:
Der Lochstein am nördlichen Eingang zur Waldlichtung steht auf der Kreuzung von vier geomantischen Zonen, die eine auffallende Breite erreichen. Eine Zone verläuft vom Lochstein zur Kapelle und zur Gänze durch deren Längsachse. Nach Maria König, Gesellschaft für vergleichende Felsbildforschung, die sich in einer ausführlichen Arbeit über die steirischen Lochsteine mit diesem Platz befaßt hat, deckt sich die Breite der Kapelle genau mit jener der durch sie verlaufenden Zone. Im Bereich des offenen Vorraums der Kapelle wird diese Zone von einer ebenfalls auffallend breiten Wasserader gekreuzt.

16 Die Mannsteine bei der Grünbründl-Kapelle

Kurzbeschreibung:
Die Grünbründlkapelle ist über einer Quelle errichtet, die als heilkräftig bei Augenleiden gilt. Auffällig ist, daß sich radial in annähernd gleichem Abstand von der Quelle zwei Menhire befinden. Mit allen Vorbehalten hinsichtlich einer wissenschaftlichen Ernsthaftigkeit kann man aus den Abständen der vorhandenen Menhire –

am Waldrand und einer im Garten des Bauern am Hang oberhalb der Kapelle – auf jene Anzahl schließen, die bei regelmäßiger Anordnung in gleichen radialen Abständen von der Quelle einen Kreis ergeben. Und das sind zwölf! Daraus auf einen bestimmten Kult zu schließen, wäre nun tatsächlich Spekulation. Belassen wir es dabei: Der Platz ist zweifelsfrei ein uralter Kultplatz, und die Weitergabe an die christliche Tradition entspricht jener Dynamik, die allen „starken Plätzen" eigen ist.

Der gesamte Platz hat einen betont positiven und in sich ausgeglichenen Charakter und erinnert in seiner selbstverständlich anmutenden Präsenz an die Grundregeln der chinesischen Geomantie, das Feng-Shui. Selbst der Fahrweg kann die Harmonie nicht stören.

Die christliche Gründungssage besagt, daß ein erblindeter Töpfergeselle im Markt Anger vom Aussatz befallen wurde. Niemand wollte ihn pflegen oder im Haus haben, so daß er in den Wald gehen mußte. Hungrig, durstig und erschöpft sank er unter einem Baum nieder. Er betete zur Jungfrau Maria, da hörte er plötzlich eine Quelle plätschern. Nach dem Gehör fand er das Bründl, stillte seinen Durst und schlief ein. In der nächsten Zeit trank er regelmäßig von dem Wasser und wusch sich damit die Augen, worauf er sowohl vom Aussatz wie auch von der Blindheit geheilt wurde. Der erste Bildstock wurde beim Grünbründl im Jahr 1783 errichtet und 1833 durch die Kapelle ersetzt.

Zufahrt:
Von Weiz über die Bundesstraße 72 nach Anger. Auf der Umfahrungsstraße zweigt bei der Nothelferbrücke die Straße nach Baierdorf und weiter nach Maierhof ab.

Zugang:
Von Maierhof auf dem markierten Weg direkt zur Grünbründlkapelle oder auf der Straße weiter bis zum Gasthof Sallegger und zur Kapelle.

Geomantische Eigenschaften:
Der strahlende Mittelpunkt des Platzes liegt direkt im Altarbereich der Kapelle. Nur wenige Meter daneben, an der talseitigen Außenmauer, tritt die Heilquelle über eine Rinne zutage. Man kann also annehmen, daß der eigentliche Austrittspunkt der Quelle jener auffallend starke Punkt beim Altar ist. Im Zuge des Kapellenbaues

wurde wahrscheinlich nicht der Quellaustritt selbst verlegt, sondern nur ein tiefer gelegter Abfluß für das Quellwasser geschaffen. Durch den Quellpunkt und die Hauptachse der Kapelle verläuft eine sehr stark ausgeprägte Globalgitterlinie. Im Altarbereich selbst überschneiden sich zahlreiche positive Reizzonen. Außerhalb des Kapellenbereiches lassen sie sich weiterverfolgen und zwar als vier Wasserzonen und je zwei Global- und Diagonalgitterlinien.

17 Hubertusstein in Trog bei Anger

Kurzbeschreibung:
Auf einer leicht abfallenden Wiese auf dem Höhenrücken bei Trog bei Anger und mit direkter Aussicht auf den Kulm liegt der Hubertusstein. Unmittelbar davor befindet sich ein Bildstock. Er ist dem heiligen Hubertus geweiht. An seinem Tag und zu Weihnachten feiern hier die Jäger eine Messe. Der Hubertusstein selbst ist ein Quarzitblock, der auf der Oberseite eine künstlich herausgearbeitete Schale aufweist. Es wird angenommen, daß er als Opferstein dem keltischen Gott Cernunnos geweiht war. Cernunnos wird mit einem Hirschgeweih dargestellt, und das könnte durchaus jenes dynamische Element sein, das zu Hubertus und seinem Hirsch weist und das verbindende Glied in der Tradition dieses Kultplatzes darstellt.

Zufahrt:
Von Weiz kommend über die Bundesstraße 72 nach Anger.

Zugang:
Vom westlichen Ortsende von Anger auf einem gut markierten Wanderweg nach Trog. Die Wanderung ist auch wegen der herrlichen Aussicht auf den Kulm sehr lohnend!

Geomantische Eigenschaften:
Vom Hubertusstein ausgehend verlaufen mehrere Reizzonen durch den gesamten Platz. Wie stark die Strahlung direkt beim Stein ist, zeigt ein schief gewachsener Baum unmittelbar neben dem Stein. Ohne äußeren Anlaß schief gewachsene Bäume zeigen immer, daß der Baum einer Reizzone ausweicht.

Die Grünbründl-Kapelle und davor eines der beiden Steinmale, die im gleichen radialen Abstand von der Quelle stehen.

Hubertusstein und Bildstock.

18 Schliefstein und Grotte am Rochusberg bei Altenmarkt

Kurzbeschreibung:
Das Heilbründl am Rochusberg entspringt in einer Grotte, zu welcher oberhalb des Hauptzuganges auch ein Eingang durch einen Schliefstein führt. Der Schliefstein wird dahingehend interpretiert, daß sich der Mensch, der sich durch ihn zwängt, symbolisch zurück in den Mutterschoß, also den Erdmutter-Schoß, begibt, um dort die Segnung des heilkräftigen Bründls zu empfangen. Die christliche Interpretation weicht davon etwas ab: Der Mensch im Durchkriechstein muß sich klein machen, um sich in Demut der Gnadengabe zu nähern. Und nach dem Volksglauben hilft das Durchkriechen ganz einfach gegen Rückenschmerzen.

Vor der Grotte ist ein ebener Platz für die Pilger, die vor allem am Rochustag, dem 16. August, in größerer Zahl die Grotte aufsuchen. Das „Gnadenbild" zeigt den Pestpatron Rochus und die Heiligen Dietrich, Isidor, Michael und Sebald. Das Wasser soll bei Augenleiden heilend wirken.

Zufahrt und Zugang:
Von Leoben auf der Bundesstraße 115 über den Präbichl nach Hieflau und weiter über Großreifling nach Krippau. Der gut markierte, aber sehr steile Aufstieg hat seinen Ausgangspunkt in Dietrichshag bei Eßling.

Der hölzerne Steg führt zum Schliefstein links oberhalb des Altars.

19 Schalenstein bei Mariahof am Neumarkter Sattel

Kurzbeschreibung:
Das Gebiet um den Neumarkter Sattel ist geschichtsträchtiges keltisches Siedlungsgebiet. Nicht nur die Ortschaft Noreia zeugt davon – auch der Schalenstein bei Mariahof, der wahrscheinlich eindrucksvollste Schalenstein in der Steiermark. Ähnliche Steine gibt es in Südtirol und im Tessin. Eine genauere zeitliche Zuordnung ist schwierig, der Zeitrahmen liegt zwischen dem ausgehenden Neolithikum und der Keltenzeit.Der Schalenstein bei Mariahof ist vier Meter lang und zwei Meter breit. Er weist etwa 30 Schalen und Näpfchen auf, die durchwegs mehrere Zentimeter tief sind.

Zufahrt und Zugang:
Von Judenburg über die Bundesstraße 96 bis Scheifling und von dort auf der Bundesstraße 83 nach Neumarkt. Kurz vor der Ortseinfahrt zweigt rechts die Straße nach Mariahof und zum Neumarkter Sattel ab. Direkt gegenüber vom Bahnhof Neumarkter Sattel biegt man auf die Straße nach Adendorf, einem Ortsteil von Mariahof, ab und gelangt direkt zum Schalenstein.

Geomantische Eigenschaften:
Der Schalenstein liegt in einem Globalgitterfeld und wird von den Gitterlinien begrenzt. Eine schwache Wasserzone verläuft diagonal durch den Stein. Gerade bei diesem Platz stellt sich die Frage, wie sich die technischen Bauten der Neuzeit auf die Geomantie eines Kultplatzes ausgewirkt haben. Die nahegelegene Trasse der Südbahnstrecke, der beträchtliche Eisenbahnverkehr und die elektromagnetischen Felder durch die Fahrstromleitungen üben sicher ihren Einfluß auf diesen Platz aus. In früherer Zeit dürfte er um einiges „stärker“ gewesen sein.

20 Phänomen Teufelstein

Kurzbeschreibung und geomantische Eigenschaften:
Der Teufelstein liegt in 1498 Metern Höhe auf dem Gipfel des gleichnamigen Berges in den Fischbacher Alpen. Drei übereinandergeschichtete Felsblöcke von beachtlichem Ausmaß bilden den zentralen Punkt des Gipfelplateaus. In einer Vielzahl von Sagen werden diese Steinquader als Werk des Teufels erklärt, und man kann annehmen, daß damit das christliche Unterbewußtsein auf die heidnische Kultplatzfunktion hinweist.

Der Teufelstein ist in mancher Hinsicht auffällig und deshalb Gegenstand umfangreicher Forschung. Der über Jahrzehnte hinweg geführte Streit darüber, ob die Steinquader das Ergebnis natürlicher Verwitterungsvorgänge oder menschlichen Schaffens sind, wurde vor einigen Jahren durch eine wissenschaftliche Arbeit geklärt. Prof. Haditsch von der Montanuniversität Leoben untersuchte den Teufelstein nach der Methode der orientierten Quarzprobenentnahme. Diese Methode basiert auf dem Umstand, daß eine gleichförmige, mechanische Oberflächenbearbeitung im Molekülbereich andere Spuren hinterläßt als eine Verwitterung durch vorwiegend chemische Einflüsse. Das Ergebnis dieser Untersuchung beweist, daß der Teufelstein vor mehreren tausend Jahren künstlich bearbeitet wurde. Die Untersuchung ergab sogar noch mehr – nämlich, daß zu dieser Zeit offensichtlich das gesamte riesige Gipfelplateau abgegraben wurde!

Daß eine derartige Arbeitsleistung unter Umständen, von denen wir uns nicht einmal annähernd ein Bild machen können, eine entsprechende Motivation verlangt, steht fest. Annehmen können wir, daß die Motivation aus dem kultischen Bereich gekommen sein muß. Darüber hinaus wissen wir sogar zu wenig, um einigermaßen begründet spekulieren zu können. Sicher ist nur, daß der Teufelstein ein sehr starker Platz ist. Er weist geomantische Eigenschaften auf, wie man sie auch bei anderen der bedeutsamsten vorgeschichtlichen Kultplätze findet. Direkt in den Steinquadern oder unterhalb derselben mündet eine Blinde Quelle. Von ihr gehen strahlenförmig mehrere Wasserzonen aus. Die zweifelsfrei festgestellten Wasserzonen zeigen zudem einen sehr eigenartigen Verlauf: Sie decken sich genau mit den Linien des Diagonalgitternetzes. Im Bereich des Gipfelplateaus überlagern die Wasserzonen das Diagonalgitternetz und nicht, wie sonst üblich, umgekehrt.

Der Teufelstein dürfte mehr als bloß kleinräumige kultische Bedeutung gehabt haben. Eine Reihe von Untersuchungen – in erster Linie von Dr. Stoller – ordnet ihn in ein ganz Europa überziehendes Netz markanter Kraftplätze ein. Nach der Gaia-Theorie sieht man diese Plätze als „Akupunkturpunkte" der Erde, also Punkte, die in irgendeiner Weise Einfluß auf das energetische Gleichgewicht der Erde haben. Diese Punkte stehen in geometrisch exakt beschreibbaren Verhältnissen zu den anderen Kraftorten. Dr. Stoller beispielsweise fand heraus, daß die Verbindungslinien der heute bekannten Wallfahrtsorte und Kultplätze pythagoräische Dreiecke mit ganzzahligen Seitenverhältnissen ergeben. Der Teufelstein hat dabei eine – im wahrsten geometrischen Wortsinn – zentrale Bedeutung: Er ist nämlich der gemeinsame Punkt, an dem sich eine Vielzahl dieser Linien kreuzt.

Der Teufelstein – ein Punkt, an dem sich viele Linien kreuzen.
Ein „Akupunkturpunkt der Erde"?

Zufahrt:
Aus der Oststeiermark von Weiz über die Bundesstraße 72 bis Birkfeld und von dort auf der Straße nach Fischbach und weiter bis zum Gasthof „Auf der Schanz" auf der Paßhöhe. Aus dem Mürztal erreicht man die Paßhöhe auf der Straße von Kindberg über Stanz.

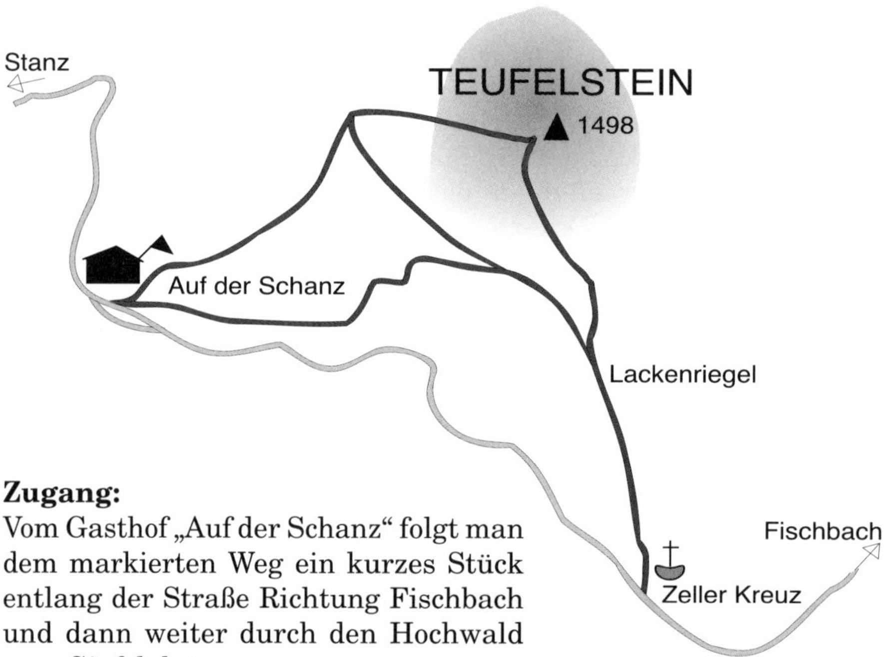

Zugang:
Vom Gasthof „Auf der Schanz“ folgt man dem markierten Weg ein kurzes Stück entlang der Straße Richtung Fischbach und dann weiter durch den Hochwald zum Gipfelplateau.

21 Katharinenstein in St. Kathrein am Hauenstein

Kurzbeschreibung:
Der Katharinenstein liegt auf einer steilen Anhöhe gegenüber des Ortes in einem Fichtenwald. Er besteht tatsächlich aus zwei großen Schalensteinen. Der linke Stein ist annähernd rechteckig, etwa 80 mal 120 Zentimeter groß und weist eine Schale im Ausmaß von 5 mal 15 Zentimetern auf. Die Schale ist nur zeitweilig mit Wasser gefüllt. Im rechten, etwas kürzeren Stein befindet sich eine unregelmäßig geformte Schale von etwa 10 mal 20 Zentimetern Ausdehnung und einer Tiefe von 15 Zentimetern. Sie ist immer mit Wasser gefüllt und offensichtlich die Austrittsstelle eines arthesischen Brunnens. Schöpft man Wasser aus der Schale, fließt es wieder nach, bis ein gewisser Pegel erreicht ist. Über diesen Pegel hinaus steigt es

nicht, so daß das Wasser aus der Schale nie überfließt. Dem Wasser wird im Volksglauben Heilkraft bei Hautleiden zugeschrieben.

Zufahrt und Zugang:
Von Weiz auf der Bundesstraße 72 über Birkfeld nach St. Kathrein. Den Katharinenstein erreicht man zu Fuß vom Ort aus auf der Wirtschaftsstraße zum Gehöft Hohenhofer. Oberhalb des Hofes im Wald weist ein Holzkreuz auf den Katharinenstein hin. Auf dem Kreuz befindet sich ein Votivbild mit einer der Entstehungssagen. Ihr zufolge sollen die Schalen in den Steinen die Fußabdrücke der heiligen Katharina sein, die hier stand, um die Kathreiner aus Türkengefahr zu erretten.

Geomantische Eigenschaften:
Der rechte Schalenstein ist ein Beispiel dafür, daß eine „blinde Quelle“ unter entsprechenden Voraussetzungen zum arthesischen Brunnen werden kann. Die Schale im rechten Stein zeigt die starke punktförmige Strahlung, die für eine blinde Quelle kennzeichnend ist – dazu kommt aber das unmerklich aus dem Inneren des Steins steigende Wasser. Die Verbindungslinie zum knapp einen Meter entfernten linken Schalenstein ist über die gesamte Breite auffallend strahlungsleer, während sich darüber hinaus mehrere sich überlagernde Wasserzonen ausbreiten. Beide Schalensteine liegen in einem Globalgitterfeld, werden also von den Gitterlinien eingerahmt.

Katharinenstein: Der rechte – im Bild vordere – Schalenstein liegt über einer „Blinden Quelle“, die offensichtlich zum arthesischen Brunnen wurde.

Höhensiedlungen, Tempel, Opferplätze

Mit der Errichtung fester Wohnstätten durch eine größere Gruppe von Menschen entstanden in der Steiermark die ersten Siedlungen. Als Siedlungen sieht man allgemein eine größere Gruppe von Häusern an, die zumindest einem Verband von mehreren Familien als ständige Unterkunft dienten. Im Gegensatz dazu stehen die schon früher gegründeten Sippengehöfte. Sie bestehen zwar auch aus mehreren Wohnstätten, werden aber nur von einem Familienverband, einer Sippe, bewohnt. Die Errichtung von Siedlungen läßt sich bis zur Spätphase der Bronzezeit zurückverfolgen.

Eine größere Siedlungsdichte, die durch archäologische Funde auch entsprechend belegt ist, bestand am Übergang von der Bronze- zur Eisenzeit in der Oststeiermark und im Murtal südlich von Graz. Die Siedlungen sind – wohl vorwiegend aus strategischen Gründen – Höhensiedlungen. Ihre Grundmauern sind noch heute Zeugnis von ihrer teilweise beachtlichen Ausdehnung. Die Höhensiedlungen waren stark befestigt. Der Befestigungscharakter entspricht nicht jenem einfacher bäuerlicher Fluchtburgen, sondern läßt darauf schließen, daß diese Sieldungen bereits Zentren von zumindest lokaler Bedeutung mit den entsprechenden Funktionen in den Bereichen Handel, Handwerk, Verwaltung und Kult waren.

Die archäologischen Belege beschränken sich nicht nur auf die Gebäudereste. Zahlreiche Funde von Alltags- und Kultgegenständen lassen ein zwar diffuses, aber doch einigermaßen strukturiertes Bild vom Leben der „Ursteirer“ entstehen. Es zeigt, daß mit dem Einzug des Menschen in feste Siedlungen auch ein Teil der Kulthandlungen und damit der Kultplätze in den Siedlungsbereich verlegt wurden. Welcher Teil das war, wissen wir nicht. Fest steht aber, daß die bis dahin in der freien Landschaft bestehenden Kultplätze keinesfalls an Bedeutung verloren haben dürften.

Die nachhaltige und wesentliche Umwälzung in den Lebensformen hat für die Archäologie deutliche Spuren hinterlassen: die Urnengräber. Deshalb nennt man die älteste Phase des Zeitraumes, in dem die ersten größeren Dauersiedlungen entstanden, auch die

Urnenfelderzeit. Sie beginnt etwa um 1200 v. Chr., zu einer Zeit, in der es im gesamten europäischen Raum zu gewaltigen Umwälzungen gekommen sein dürfte. Nur zum Vergleich: Das war 1000 Jahre vor Hannibal und 700 Jahre vor der Blütezeit Athens! Was der Anlaß dafür war, daß die „Ursteirer“ plötzlich begannen, ihre Leichen zu verbrennen und in Urnenflachgräbern, die zu regelrechten Friedhöfen gruppiert waren, zu bestatten, läßt sich nicht nachvollziehen. Es können Wanderungsbewegungen gewesen sein und das Auftauchen einer neuen Volksgruppe mit eigenen Sitten, aber dafür gibt es keine Belege. Jedenfalls breitete sich die Urnenfelderkultur vom Donauraum und dem nördlichen Alpenvorland in die Obersteiermark und vom Drautal her über die Unter- und Mittelsteiermark aus. Die Ausbreitung folgte den Flußtälern – vor allem der Mur, Raab und Feistritz – und in der alpinen Steiermark den Wegen über die Pässe. Man kann aus der Verbreitung der Urnengräber schließen, daß das Gebiet der Steiermark um diese Zeit schon weitgehend erschlossen war. Natürlich heißt das nicht, daß dem auch die Besiedlung entspricht. Weite Teile wurden nur zeitweilig begangen, etwa bei Jagdexpeditionen oder auf den Salzstraßen zu den Salzquellen im Ausseer Land.

Am Beginn der Eisenzeit läßt sich eine neuerliche Umwälzung erkennen. Und wieder ändern sich die Bestattungsbräuche. Etwa um 800 v. Chr. weichen die Urnengräber den Hügelgräbern. In dieser Zeit dürfte das Gebiet der Steiermark bereits eine wichtige Rolle im südöstlichen Mitteleuropa gespielt haben. Zahlreiche Funde von Gegenständen östlicher Herkunft zeugen von regen Handelsbeziehungen. In den bedeutendsten Hügelgräbern, den Fürstengräbern im Sulmtal und jenem bei Strettweg, wurden Funde von höchster Bedeutung gemacht: in den Sulmtaler Fürstengräbern Panzer, Helm sowie Hände und eine Gesichtsmaske aus kunstvoll getriebenem Bronzeblech, im Strettweger Fürstengrab der berühmte Kultwagen. Alle diese Funde sind in der Abteilung für Vor- und Frühgeschichte des Landesmuseums Joanneum im Schloß Eggenberg zu besichtigen. Im Sulmtal gibt es das vermutlich größte Hügelgräberfeld Europas. Und ein großer Friedhof läßt zu allen Zeiten auf eine große Bevölkerung schließen.

Die Frage, ob diese Bevölkerung „noch“ illyrisch oder „schon“ keltisch war, kann man nicht beantworten. Sie ist in dieser strikten Formulierung auch nicht sinnvoll. Wahrscheinlich dürfte das, was man als Kelteneinfall beizeichnet, eine längerdauernde Wanderungsbewegung gewesen sein. Dementsprechend haben sich Kelten und Illyrer allmählich vermischt bzw. wurden die Illyrer keltisiert. Gegen Ende der Hallstattzeit zeigt das Gebiet der Steiermark jedenfalls den dominanten keltischen Kultureinfluß, der dann in der provinzialrömischen Zeit durch die Romanisierung allmählich abflacht.

22 Riegersburg

Kurzbeschreibung:
Der markante, weithin sichtbare vulkanische Basaltfelsen trägt heute die weitläufigen Anlagen einer mittelalterlichen Burg. Er war aber schon lange vor deren Errichtung besiedelt und wohl auch ein kultisches Zentrum der südlichen Oststeiermark. Durch seine einzigartige Topographie, die klimatisch sehr günstige Lage und die Fernsicht ist er dazu regelrecht prädestiniert.

Die markante Form des Felsens mit der Riegersburg ist weithin sichtbar.

Der Burgfelsen hat im Norden und Westen steil abfallende und manchmal überhängende Felswände und erhebt sich fast 200 Meter über die Talsohle. Im Osten und Süden sind die Hänge weniger extrem, sondern eher terassenförmig. Die Flächen wurden und werden landwirtschaftlich genutzt – heute wächst dort Wein –, weisen an den Rändern aber ebenfalls steile Hänge auf. So ist der gesamte Berg von Natur aus befestigt. Der einzige natürliche Zugang zum Burgfelsen ist ein sehr steiler Weg aus Süden. Der „Eselssteig“ wurde erst im Mittelalter in die Steilabbrüche geschlagen.

Auf der heute unverbauten Terrasse am Südostabfall des Burgberges wurden die Fundamente von drei Häusern aus der Keltenzeit gefunden. Ihre zeitliche Einordnung ermöglichten hunderte von Keramikscherben, die großteils den Charakter der Hallstattzeit, teils aber auch jenen der spätkeltischen Periode des ersten vorchristlichen Jahrhunderts und der frühen Römerzeit aufweisen.

Zufahrt und Zugang:
Von der Abfahrt Ilz der Südautobahn auf der Bundesstraße 66 nach Riegersburg. Durch den Ort zum Aufgang zur Burg.

Hinweis:
Ein Wanderweg aus dem rund 100 km umfassenden markierten Wegenetz rund um Riegersburg führt zum „Steinernen Kreuz". Es wurde aus demselben Basalttuff gemeißelt, aus dem auch der Burgfelsen besteht. Um derart große Basaltblöcke im Ganzen und ohne Sprünge oder Riße zu gewinnen, muß man sie nach einer uralten Steinbrechermethode gewinnen: Man bohrt entlang der gewünschten Abbruchlinie zahlreiche Löcher, schlägt Holzstöcke ein und wässert diese ausgiebig. Das Holz quillt allmählich und sprengt den Basaltblock ab. Der Steinbruch befindet sich in nächster Nähe des Kreuzes. Dort sieht man noch die Spuren der Bohrlöcher. Vom Ort Riegersburg erreicht man das Kreuz auf dem markierten Wanderweg Nummer 4, der direkt hinter der Kirche beginnt, in etwa einer Stunde.

23 Kulm bei Weiz

Kurzbeschreibung:
Der Name Kulm kommt recht häufig vor. Die Berge mit diesem Namen weisen eine ähnliche Form auf. Es sind freistehende, regelmäßig geformte Kegel mit abgeflachtem Gipfelplateau. Das trifft für den Kulm bei Weiz in fast bilderbuchhafter Weise zu. Er ist fast 1000 Meter hoch und bietet eine grandiose Fernsicht. Und er ist zumindest seit 4000 Jahren besiedelt!

Die Gesellschaft für Vor- und Frühgeschichte in der Region Kulm hat sich um diesen uralten Kulturraum höchste Verdienste erworben – beispielsweise durch die Errichtung eines Freilichtmuseums mit einem „vorgeschichtlichen Musterdorf". Nebeneinander findet man die typischen Wohnbauten der Jungsteinzeit, der Urnenfelder- und La-Tènezeit. Außerdem wurde ein Backofen aus der Hallstattzeit akribisch genau und funktionsfähig nachgebaut.

Seine größte Bedeutung erreichte der Kulm in der Keltenzeit. Die Kelten errichteten eine Umwallung und gaben dem Kulm auf diese Weise den typisch keltischen Stadtcharakter des Oppidum. Ein weit über die unmittelbare Umgebung hinaus bedeutsames keltisches Heiligtum zog Pilger an und machte das Oppidum auf dem Kulm zu einem Zentrum des Handels und der Verwaltung. Das Heiligtum, von dem wir nichts näheres wissen, wurde beim sogenannten „Teufelsstein" lokalisiert. Es dürfte in einem Zusammenhang mit der Heilquelle „Kulmbrunnen" gestanden sein. Diese wundertätige Quelle zieht sich wie ein roter Faden durch die Kultplatztradition des Kulms und war im Volksglauben immer von höchster Bedeutung. Ihr Wasser soll bei allen Augenleiden lindernd und heilend wirken. Im Zuge der Christianisierung wurde der Kulmbrunnen der Jungfrau Maria geweiht und über ihm eine Wallfahrtskirche errichtet. Die heute fast versiegte Heilquelle tritt in der Mariengrotte unter der Kirche „Maria Heilbrunn" zu Tage. Wallfahrten finden traditionell am 1. und 4. Mai, am 26. Juni und am 29. September statt.

Der gesamte Berg hat eine starke mystische Ausstrahlung. Jakob Lorber, der im vorigen Jahrhundert als „Schreibknecht Gottes" an die 10.000 Seiten an Prophezeiungen niederschrieb, empfing am Kulm und an der Quelle beim Andritzursprung seine Eingebungen. Jakob Lorber schrieb, daß die Atmosphäre am Kulm den Menschen von den Fesseln seiner Erdenschwere befreie. Er dürfte ähnlich empfunden haben wie jene Menschen, die dem Kulm vor etwa 1000 Jahren den Namen „Himmelsberg" gaben.

Zufahrt und Zugang:
Von Gleisdorf (Autobahnabfahrt) auf der Bundesstraße 54 bis Pischelsdorf. Von dort auf gut beschilderten Nebenstraßen zum Kulm. Eine Auffahrt bis zum Parkplatz nahe der Wallfahrtskirche ist möglich.

Geomantische Eigenschaften:
Seine mystische Ausstrahlung dürfte der Kulm als Ergebnis der geomantischen Harmonie besitzen. Es gibt mehrere starke Kreuzungspunkte – einen unmittelbar neben der Rückwand der Wallfahrtskirche, welcher der ursprüngliche Austrittspunkt der Heilquelle sein dürfte, und einen am Teufelsstein, dem alten keltischen Kult-

platz. Eine starke positive Reizzone verläuft aus Süden, aus dem Bereich des alten Tordurchgangs im Wall, über die Gipfelkuppe zum Teufelsstein. Fast, als ob der frühgeschichtliche Pilger durch den Strahlungsverlauf selbst vom Tor direkt zum Heiligtum geführt werden sollte.

Vor- und frühgeschichtliche Wohnstätten wurden am Kulm rekonstruiert.

24 Ringkogel bei Hartberg

Kurzbeschreibung:
Der Ringkogel erhebt sich markant über Hartberg. Im Norden ist er über einen Sattel, die Spielstätte, mit dem Masenberg verbunden. Auf allen anderen Seiten steht er frei. Die ältesten Spuren weisen auf eine Besiedlung bereits in der Jungsteinzeit hin. Seinen Namen hat der Ringkogel von dem Ringwall, der sich um die keltische Wallburg auf dem planierten Gipfelplateau zog. Dieser Wall ist noch zu einem großen Teil erhalten. Er besteht aus einer massiven Trocken-

mauer. Beim Zugang, dem Ringtor, biegen sich die beiden Wallenden halbkreisförmig nach innen. Das Innere der Umwallung war dicht verbaut, wie die bei Grabungen festgestellten Hausfundamente belegen.
Wie die anderen Höhensiedlungen ist der Ringkogel selbst weithin sichtbar, bietet aber auch eine ausgezeichnete Fernsicht: im Westen bis zur Koralpe, im Süden bis zum Bachergebirge in Kroatien und im Osten bis zum Bakonyer Wald in Ungarn. Zu den anderen Höhensiedlungen besteht also eine Sichtverbindung, und man kann als gesichert annehmen, daß dieser Umstand für ihre Anlage von wesentlicher Bedeutung war. So konnten beispielsweise Nachrichten durch Feuerzeichen rasch weitergegeben werden.

Zufahrt und Zugang:
Auf der Südautobahn nach Hartberg. Der Weg auf den Ringkogel beginnt beim Stadtpark. Man folgt dem Wegweiser Richtung Brühl und gelangt in das Tal des Brühlbaches. Im oberen Teil des Weges ist ein Waldlehrpfad angelegt. Vorbei am Hartberger Klettergarten und dem romantischen „Allmerfelsen" gelangt man auf dem gut markierten Weg auf die Spielstätte und weiter auf das Gipfelplateau. Die Ringwarte, ein Aussichtsturm am höchsten Punkt, ist zwischen Mai und Oktober an den Wochenenden geöffnet.

Geomantische Eigenschaften:
Ungefähr auf halber Strecke zwischen der Ringwarte und dem Ringtor findet man eine auffällige Strahlenkreuzung. In annähernd rechtem Winkel zu dieser Verbindungslinie kreuzen sich zwei von Globalgitterlinien direkt überlagerte positive Wasserzonen mit einem im spitzen Winkel dazu verlaufenden Wasserstreifen. Es ist mit Abstand der strahlungsstärkste Platz auf dem Ringkogel und weist einen geomantischen Charakter auf, wie man ihn bei den meisten Kultplätzen vorfindet. Allerdings deutet außer der geomantischen Qualität nichts auf eine Nutzung als Kultplatz hin.

25 Uxlemitanus-Tempel in Brunn bei Fehring

Kurzbeschreibung:
Der Wettergott Uxlemitanus war eine der Hauptgottheiten der Kelten. Der ihm zugeordnete Kultbezirk in Brunn bei Fehring wurde im Gegensatz zum Noreia-Heiligtum auf dem Frauenberg nicht romanisiert. Die aufgefundenen Steinmale wurden in das Landesmuseum Joanneum gebracht. Am Fundort selbst stellte man einen Abguß des Votivsteins auf.

Zufahrt und Zugang:
Von Feldbach auf der Bundesstraße 57 nach Fehring und weiter auf der Straße Richtung Riegersburg nach Brunn. Mitten in der Ortschaft ist die Abzweigung zum Uxlemitanus-Tempel gekennzeichnet. Der Kultbezirk liegt auf einem kleinen, bewaldeten Plateau oberhalb des Ortes.

Geomantische Eigenschaften:
Der Platz strahlt das aus, was man mit „Frieden“ umschreiben könnte. Und das war wohl eines der – geomantisch fundierten – Motive für die Kelten, hier ausgerechnet dem Wettergott einen Kultplatz zu weihen. Radiästhetisch zweifelsfrei feststellbar sind zwei positive Wasserstreifen, die sich in spitzem Winkel auf einer Globalgitterlinie kreuzen und auf diese Weise einen markanten Punkt kennzeichnen. Es dürfte jener Punkt sein, der als Mittelpunkt des Kultbezirks den Opferstein trug.

Ein Platz von spürbarer Harmonie – der Opferplatz für den keltischen Wettergott Uxlemitanus.

26 Königsberg bei Tieschen

Kurzbeschreibung:
In den meisten Landkarten ist der 462 Meter hohe Königsberg als „Kindsberg“ eingetragen. Das ist nicht nur eine peinliche, sondern eine regelrecht verniedlichende Falschbezeichnung. Seinen Namen trägt der Königsberg nämlich zu recht. Er war mit größter Wahrscheinlichkeit der Sitz des Keltenkönigs Balanos, dessen Reich 169 v. Chr. nachgewiesen ist. Auch im ersten Grundkataster des Grabenlandes, dem Seckauer Zehentverzeichnis aus dem Jahr 1406, ist der Berg als „Chunigesberg“, d. h. Berg des Königs, bezeichnet.

Das Massiv der Klöcher Berge, deren Eckpfeiler der Königsberg bildet, ist weithin sichtbar und in einer geologisch interessanten Formation aus vulkanischen Basalten, Tuffen und Schlacken aufgebaut. Westlich vom Königsberg liegt das Steintal, das er als natürliches Bollwerk sichert. Östlich von ihm befindet sich das Tal der Kutschenitza und deren Verlauf folgend die Staatsgrenze.

Der Königsberg ist heute zur Gänze bewaldet. Der abgeflachte Gipfel wird von steilen Hängen umfaßt. So zeigt die Topographie die üblichen Voraussetzungen für eine Höhensiedlung. Am tiefsten Punkt des Gipfelplateaus befindet sich eine Quelle.

Die Erforschung der Siedlungsgeschichte auf dem Königsberg beginnt um das Jahr 1822 mit der Erwähnung der mächtigen Wallanlagen im „Historisch-Topographischen Lexikon von Steyermark“ des Carl Schmutz. Er hielt die Wallanlagen für Reste einer Fluchtburg aus den Türkenkriegen – und lag damit um knapp 2000 Jahre falsch. Heute weiß man, daß bereits im 9. Jahrhundert v. Chr. eine ausgedehnte Siedlung auf dem Königsberg bestand. Es ist die größte bekannte urnenfelderzeitliche Siedlung der Steiermark. Im 7. Jahrhundert v. Chr. ist sie den Spuren zufolge ausgebrannt. Über die Ursachen – ob unbeaufsichtigtes Herdfeuer oder Feindeinwirkung – kann man natürlich nichts sagen. Die größte Ausdehnung erreichte die Stadt auf dem Königsberg mit insgesamt rund 10 Hektar in den letzten beiden vorchristlichen Jahrhunderten. Als keltisches Oppidum und noch dazu als Königsburg wurde sie durch einen mächtigen Ringwall geschützt. An manchen Stellen war der Wall zehn Meter hoch! Er ist auch heute im Bereich der Ost- und Südseite des Gipfelplateaus noch deutlich erkennbar und stellte seinen verteidigungstechnischen Wert in den letzten Tagen des Zweiten Weltkrieges noch einmal unter Beweis: Anfang April 1945 konnte eine deutsche Kampfgruppe den Ringwall gegen übermächtige sowjetische Gardeeinheiten bis zur allgemeinen Rücknahme der Front halten. Die Ortschaften Pichla und Kindsberg wurden im Zuge der Kämpfe fast völlig zerstört. Das Grenzlanddenkmal der Garnison Radkersburg auf dem Königsberg erinnert an diese furchtbaren Tage aus jüngerer Vergangenheit.

Dem heute noch teils gut erhaltenen Wall an der Ost- und Südseite ist ein über längere Strecken noch erkennbarer Graben vorgelagert. Er dürfte ursprünglich den gesamten Wallverlauf begleitet haben. Im Süden ist der Zugangsbereich, der im Volksmund noch heute „Stadttörl" genannt wird, deutlich erkennbar. Der Wall weist einen Einschnitt auf, dem eine zusätzliche Bastion in der Art eines Vorwalls vorgelagert ist. Der einzige befahrbare Weg auf das Gipfelplateau führt auch heute noch durch diese prähistorische Toranlage.

Übrigens ist der Zugang aus Richtung Süden ein gemeinsames Kennzeichen aller keltischen Anlagen. Egal ob die Viereckschanzen in Bayern oder die Ringwälle in der Steiermark: der Zugang erfolgt immer aus Süden.

Im Nordwesten und Norden des Königsbergs war wegen des Steilabfalls des Gipfelplateaus eine Wallanlage offensichtlich nicht nötig. Im Bereich des höchsten Punktes des Plateaus, im Nordosten, weist ein Kernbereich von etwa einem Hektar eine zusätzliche Befestigung auf. Es dürfte sich dabei um die eigentliche Königsburg handeln.

Von den im Zuge von archäologischen Grabungen freigelegten Hausfundamenten ist eines für uns besonders interessant: das sogenannte Heiligtum. Es ist ein langgestreckter rechteckiger Kultbezirk mit einem gepflasterten Eingang und einer Opferstätte in Eingangsnähe. Seinem Typ entsprechen die Kultbezirke des Uxlemitanus in Brunn bei Fehring und auf dem Hoarachkogel bei Spielfeld. Nach dem Stand der archäologischen Forschung ist es das typische norische Heiligtum und läßt sich in etwa der Hallstattzeit zuordnen. Über die bloßen Fundamente und die Opfergruben hinaus fand man auf dem Königsberg auch noch bedeutsame Kultgegenstände, vor allem die Feuerböcke. Sie sind an sich ein einfaches Herdgerät, dienen der Entfachung und Unterhaltung des Herdfeuers und können durchaus als Gebrauchsgegenstand gesehen werden. Der Bedeutung des Feuers im häuslichen Herd entsprechend tragen sie jedoch aufwendige Verzierungen in Form von Zeichen und

Symbolen, die einen Schutzzauber für das Haus und seine Bewohner darstellen. Die Feuerböcke wurden bei zahlreichen Hausresten an den Feuerstellen gefunden. Jener im Heiligtum ist aber zweifelsfrei mehr als ein bloßes Herdgerät mit magischer Zusatzfunktion: Er ist ein Kultgegenstand, seine Halbmondform läßt Schlüsse auf den Erdmutterkult zu. Zumindest seit dem Zeitpunkt, an dem man die Synchronität zwischen Mondphasen und Menstruationszyklus erkannte, wurde der Mond im kultischen Bereich der Muttergöttin zugeordnet.

Der Votivfeuerbock in der Form eines Mondidols aus dem Heiligtum auf dem Königsberg ist übrigens Teil des Gemeindewappens von Tieschen.

Zufahrt und Zugang:
Aus Norden von Feldbach über die Bundesstraße 66 nach Hof bei Straden. Etwa einen Kilometer nach der Ortseinfahrt zweigt die Straße nach Tieschen, Pichla und Deutsch-Haseldorf ab.

Aus Westen von Spielfeld kommend auf der Grenzlandbundesstraße 69 bis Halbenrain. Dort biegt man auf die Straße nach Tieschen ab und fährt weiter Richtung Deutsch-Haseldorf.

Ausgangspunkt für den Aufstieg zum Königsberg ist die Abzweigung der Straße von Pichla nach Deutsch-Haseldorf. Der Weg mit der Markierung Nummer 9 führt zuerst durch Weingärten und dann in einem weiten Bogen durch einen Wald aus Buchen und Kastanien auf das Gipfelplateau des Königsbergs.

Geomantische Eigenschaften:
Der gesamte, etwa zehn Hektar umfassende Siedlungsbereich ist von mehreren ausgeprägten Reaktionszonen durchzogen. Im Bereich des Heiligtums kreuzen sich zumindest zwei starke Wasserzonen. Nach einer anderen Auffassung sind es vier Ankündigungslinien für eine im Bereich der vorderen Opfergrube geortete Blinden Quelle. Einer der Reaktionszonen läßt sich jedenfalls vom Torbereich im Süden bis zum Heiligtum nachgehen, wodurch auch hier das Phänomen des „Erdstrahlen-Wegweisers“ ähnlich wie am Kulm gegeben scheint.

27 Der Artemis-Tempel auf dem Kugelstein bei Deutschfeistritz

Kurzbeschreibung:
Über Kugelberg und Kugelstein führte parallel zur Mur eine Römerstraße aus dem Grazer Becken in die Obersteiermark. Auf dem Kugelstein, der mit seinen fast senkrechten Steilabstürzen einen markanten Punkt an dieser Engstelle des Murtales bildet, befand sich eine römerzeitliche Siedlung. Sie entstand rund um ein Heiligtum, einen Tempel der Göttin Artemis.

Der Kultplatz liegt annähernd in der Mitte des Plateaus. Man kann annehmen, daß er schon vor den Römern und vor der Errichtung des Artemistempels als Kultstätte gedient hat. Seine ausgesetzte Lage und sein prägnanter Charakter im Landschaftsgefüge, aber auch die Nähe zur Badlhöhle und weiteren Fundstellen prähistorischer Siedlungsspuren lassen in ihm einen uralten Opferplatz vermuten. Weil in der Kultplatztradition die Zuordnung zu bestimmten Göttern immer einem Grundmuster folgt und – unabhängig von Kulturstufe und Kultform – ein und derselbe Platz immer Göttern mit ähnlichem Charakter geweiht wird, kann man den urzeitlichen Opferplatz durchaus einer für das Jagdglück zuständigen Gottheit zuweisen. Artemis wurde von den Römern sicher nicht willkürlich auf dem Kugelstein verehrt. Man kann annehmen, daß sie dabei einer älteren Tradition folgten und die dort verehrte Gottheit ihrer Artemis gleichsetzten.

Zufahrt und Zugang:
Von Graz auf der Autobahn A9 oder auf der Bundesstraße 67 nach Deutschfeistritz. Der Wanderweg auf den Kugelstein beginnt hinter dem Feuerwehrhaus von Deutschfeistritz. Man erreicht nach kurzem Anstieg die Ölbergkapelle und geht weiter zur Martinskirche. Einer schmalen, asphaltierten Straße folgt man etwa 200 Meter bergab bis zu einem Hochspannungsmasten, bei welchem der unmarkierte, aber deutlich erkennbare Weg zum Kugelberg abzweigt. Nach einem kurzen, steilen Aufstieg erreicht man den höchsten Punkt und geht auf dem Weg abwärts auf den Sattel zum Kugelstein. Vom bewaldeten Plateaurand fallen die Felswände senkrecht ab. Deshalb ist besonders mit Kindern Vorsicht geboten! Die

Aussicht auf das Engtal der Mur ist grandios – aber auch der Blick auf das genau gegenüberliegende Badl-Höhlensystem mit seinen rund 50 Eingängen. Die Badlhöhle war in prähistorischer Zeit zumindest zeitweilig bewohnt.

28 Der Königsberg im Sulmtal

Kurzbeschreibung:
Der Königsberg (oder Burgstallkogel) ist die höchste Erhebung in einer Hügelkette, die von Süden her zum Mündungsbereich der Saggau in die Sulm führt. Er liegt knapp vor der Mündung und bildet eine breite, abgeflachte Kuppe, die sich markant in das Sulmtal vorschiebt. Die Sulm muß den Königsberg in einem engen Bogen umfließen. Richtung Osten, Nordosten und Südwesten fällt er steil ab. Im Westen befinden sich Weingärten. Hier wurde der Steilabfall durch die Kultivierung in terrassenförmigen Anlagen gemildert.

Der Königsberg ist der natürliche Mittelpunkt der Sulmtalnekropolen und damit einer der archäologisch bedeutsamsten Fundlandschaften Europas. Die berühmten Sulmtaler Fürstengräber boten die Grundlagen für die Erforschung der Hallstattkultur im südostalpinen Raum. Die Hügelgräberfelder ziehen sich in einem lockeren Bogen um den Königsberg als Mittelpunkt. Der Weinbaugemeinde Gamlitz gaben sie sogar ihren Namen: Gamlitz kommt von „Gomilca" und das bedeutet „Hügel". Die bedeutendsten Fundstücke aus den Sulmtaler Fürstengräbern sind in der Abteilung für Vor- und Frühgeschichte des Landesmuseums Joanneum im Schloß Eggenberg zu besichtigen: aus Bronze getriebene Hände, eine Gesichtsmaske aus Bronze und Rüstungsteile.

Der Königsberg dürfte die Siedlung getragen haben, in welcher die bronzezeitlichen Sulmtaler Fürsten residierten. Hinweise auf einen Kultplatz im direkten Sinn lassen sich nicht feststellen. Sicher war der sehr nahe Frauenberg nicht erst für die Kelten, sondern schon lange Zeit vorher das überragende Heiligtum des Sulmtales und seiner weiteren Umgebung.

Unterhalb des Gipfelbereichs des Sulmtaler Königsberges lassen sich flache terrassenförmige Bereiche erkennen. Dort wurden mehrere Hausfundamente gefunden und untersucht. Im Bereich der Feuerstelle eines Hauses fand man Teile von Votivfeuerböcken, wie sie in ähnlicher Art auch am Königsberg bei Tieschen gefunden wurden. Auffällig beim Horn eines Feuerbocks vom Sulmtaler Königsberg ist die Verzierung mit Sonnensymbolen. Die Spitze des Horns ist als plastisches Widderhorn ausgeformt, darunter befindet sich auf der einen Seite ein Sonnensymbol in der Form eines gerippten Hakenkreuzes, auf der anderen Seite das mit Schrägkerben verzierte vierspeichige Sonnenrad.

Zufahrt und Zugang:
Von Leibnitz nach Kaindorf und von dort in das Sulmtal, entweder bis Heimschuh und weiter Richtung Großklein oder auf die Westseite des Königsberges nach Fresing. Von dort führt ein sehr schöner markierter Wanderweg über Weißheim zur Keltentaverne unmittelbar unter dem Gipfelbereich.

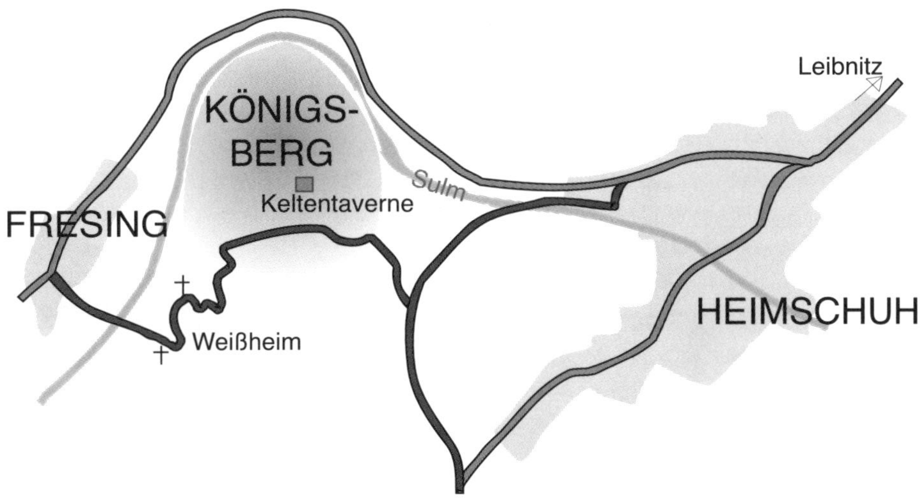

29 Isis-Noreia-Tempel auf dem Frauenberg

Kurzbeschreibung:
Der Frauenberg ist einer der großen heiligen Berge der Steiermark. Im Westen, Norden und Osten von der Sulm umflossen, bildet er mit dem Seggauberg einen markanten Höhenzug. Vom Seggauberg, der auf der Kuppe das bischöfliche Schloß Seggau trägt, ist der Frauenberg durch einen Sattel getrennt.

Die frühesten Besiedlungsspuren auf dem Frauenberg sind etwa 5000 Jahre alt. Als Kultstätte für eine Muttergottheit hatte er zumindest seit Beginn des ersten vorchristlichen Jahrtausends eine wesentliche und wohl über die unmittelbare Umgebung hinausreichende Bedeutung. Die Nähe zu den Sulmtal-Nekropolen – der Königsberg ist vom Frauenberg nur knapp fünf Kilometer Luftlinie entfernt! – läßt den Schluß zu, daß der Frauenberg schon lange vor den Kelten das zentrale Heiligtum einer Erd- und Fruchtbarkeitsgöttin für den gesamten Siedlungsraum trug. Mit den Kelten bekam die Göttin auf dem Frauenberg allerdings einen Namen: Noreia. Es ist die keltische Hauptgöttin, die Drei-Frau, die als Weiße Frau die Blüte, als Rote Frau die Fülle und als Schwarze Frau die Heimkehr in den Erdmutterschoß verkörpert. Die Noriker haben ihren Namen von Noreia, in der Folge auch die römische Provinz Noricum.

Der Kultbezirk auf dem Frauenberg war von einer Siedlung umgeben und mit einen starken Ringwall von rund 1,7 Kilometern Länge befestigt. Im Zuge der römischen Kolonisation wurde die Siedlung

Der „Heilige Bezirk" auf dem Frauenberg: Wallfahrtskirche, Fundamente des Isis-Noreia-Tempels, Messnerhaus (heute Tempelmuseum).

etwa ab dem Jahr 15 n. Chr. in das Tal verlegt. Als Flavia Solva (Flavia nach dem Kaiser Titus Flavius Vespasianus und Solva als damaliger Name der Sulm) wuchs die Siedlung zu einer wichtigen Provinzstadt heran. Der Kultbezirk auf dem Frauenberg behielt aber seine Bedeutung und wurde in der Römerzeit noch ausgebaut.

Die Römer waren in religiöser Hinsicht den „befreundeten" Völkern gegenüber recht tolerant. Sie beließen ihnen die eigenen Götter, auch wenn im offiziellen Bereich die Verehrung der römischen Staatsgottheiten vorgeschrieben war. Auf diese Gottheiten – in erster Linie Jupiter oder die kapitolinische Trinität Jupiter, Juno und Minerva sowie den Kaiserkult – beziehen sich die Weihungen im Stadtgebiet von Flavia Solva. Damit ist aber keine Aussage über die Volksfrömmigkeit gegeben, es dürfte eine reine Loyalitätskundgebung gegenüber den Römern gewesen sein. Dafür spricht auch, daß gegen Ende des ersten vorchristlichen Jahrhunderts und unmittelbar nach der Verleihung des Stadtrechtes an Flavia Solva der Kultbezirk auf dem Frauenberg im römischen Stil und mit römischer Unterstützung großzügig ausgebaut wurde. Im Bereich des Opferplatzes errichtete man einen Tempel, der Isis-Noreia geweiht wurde. Die Flavier-Kaiser galten als besondere Verehrer der eigentlich aus Ägypten stammenden Isis. In der keltischen Noreia dürften die Römer vielfältige Ähnlichkeiten gesehen haben, so daß eine formale Gleichsetzung von Isis und Noreia erfolgte und die Göttin auf dem Frauenberg den Doppelnamen Isis-Noreia erhielt.

Die Altareinfassung des Isis-Noreia-Tempels kennzeichnet einen der „stärksten Plätze" der Steiermark.

Vom Isis-Noreia-Tempel sind die Grundmauern bis heute erhalten geblieben. Sie sind das älteste freistehende Mauerwerk der Steiermark. An der Nordseite ist die massive halbrunde Apsis deutlich erkennbar. Im Süden bestehen Reste der Treppe zur Tempelvorhalle und die Einfassung des Opferaltars. Neben dem Tempelfundament befindet sich eine gemauerte

Zisterne mit einer Rinne für das abfließende Kultwasser. Außerdem bestehen noch Reste der Umfassungsmauer des Kultbezirkes und Hinweise auf einen zweiten Tempel, der dem Mars Latobius geweiht sein soll.

Über den Grundmauern des Isis-Noreia-Tempels wurde im Jahr 1731 das eingeschoßige Messnerhaus für die etwa 150 Meter westlich erbaute Marienwallfahrtskirche errichtet. Das Messnerhaus beherbergt heute das Tempelmuseum. Im Untergeschoß, also innerhalb der Fundamente des Tempels, befindet sich ein Lapidarium mit Steindenkmälern aus dem Bereich des Frauenberges.

Zufahrt und Zugang:
Von Leibnitz nach Kaindorf und von dort auf der Straße in das Sulmtal Richtung Silberberg, bis unmittelbar vor dem Sulmsee die Straße auf den Frauenberg und Seggauberg abzweigt. Der Isis-Noreia-Tempel mit dem Tempelmuseum liegt unübersehbar wenige Meter neben der Straße. Auf der der Straße abgewandten Seite, links neben dem Stiegenaufgang zum Museum, befindet sich die Einfassung des Opferaltars.

Geomantische Eigenschaften:
Der gesamte ehemalige Tempelbezirk bis hin zur Marienwallfahrtskirche weist geomantische Besonderheiten auf. Der Raum innerhalb der Altareinfassung jedoch ist in dieser Hinsicht kaum zu übertreffen. Er ist die Austrittsstelle einer „Blinden Quelle“. Ihre Ankündigungslinien verlaufen als starke Reizzonen aus dem Umfeld strahlenförmig auf den Altarbereich zu – als beinahe bilderbuchmäßige „Wouivres“. Zwei Wasserzonen kreuzen sich wenige Meter westlich der Altareinfassung, sie sind von Globalgitterlinien überlagert. Der Platz wird häufig von Radiästheten begangen, und alle sind sich einig: Eine derartige Strahlungsintensität wie im Inneren der Altareinfassung des Isis-Noreia-Tempels findet man sonst nur an berühmten alten Kultstätten wie Chartres, Carnac oder innerhalb der ägyptischen Pyramiden. Die Intensität schwankt deutlich je nach Tageszeit und Mondphase. Auch fällt auf, daß sie in den Sommermonaten, in denen täglich oft über hundert Besucher den Platz aufsuchen, schwächer ist als im Frühling.

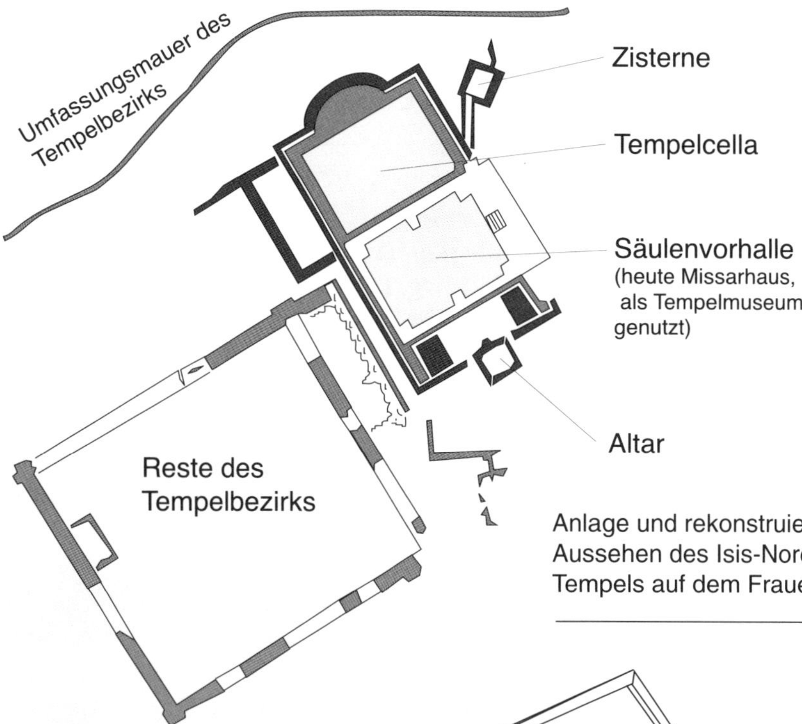

Anlage und rekonstruiertes Aussehen des Isis-Noreia-Tempels auf dem Frauenberg.

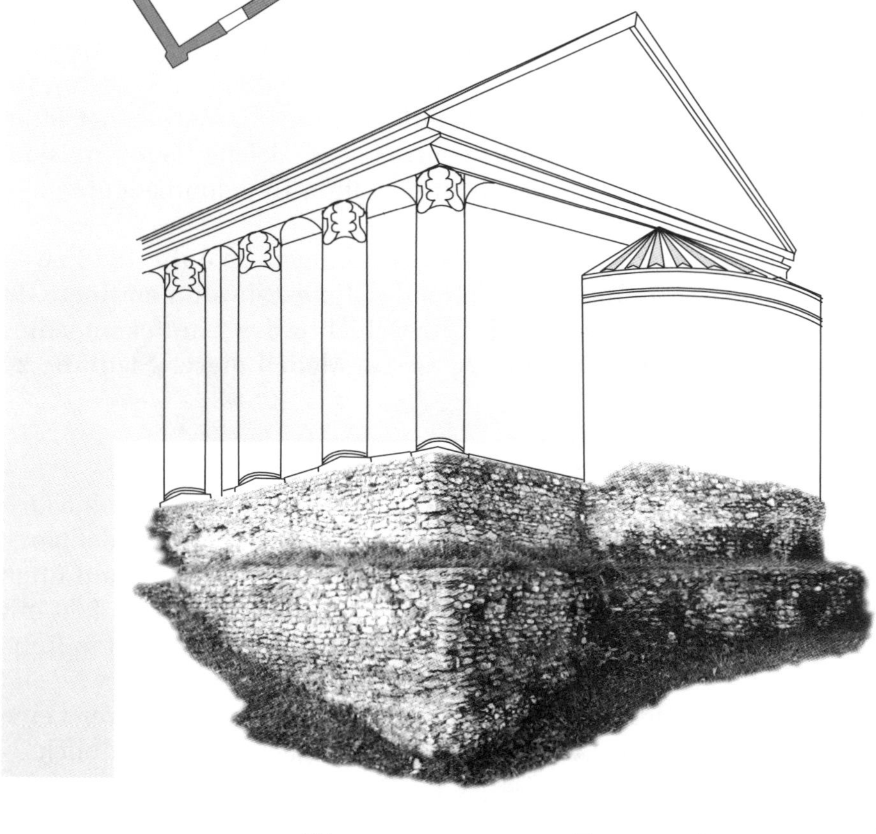

30 Buchkogel und Schlossberg bei Wildon

Kurzbeschreibung:
Wildon liegt am südlichen Ende des Grazer Feldes und entstand als Burguntersiedlung der Hengistburg. Der Schloßberg bildet mit dem Buchkogel und dem Wildoner Berg einen langgestreckten Höhenzug. Der Buchkogel ist heute noch eine kleine Bergwaldinsel inmitten der umgebenden Talflächen. Erste Siedlungsspuren auf dem Wildoner Berg weisen bis in die Jungsteinzeit. Aus der Bronzezeit und frühen Eisenzeit gibt es Fundstücke, die auf eine kultische Deponierung schließen lassen: Pfeilspitzen, einen Dolch und Keramik. Von den geomantischen Eigenschaften her gesehen dürfte sich der vermutete Opferplatz beim steilen Südabsturz auf dem Schloßberg befinden. Südlich der Burgruine steht eine einzelne Turmruine. Im davor liegenden Steilabsturz gibt es eine kleine Höhle. In einer Sage wird diese Höhle mit dem „Wilden Mann" in Zusammenhang gebracht: Ein Heide soll vor Zeiten in dieser Höhle im Südabsturz gehaust haben; er wurde von den christlichen Wildonern bezwungen. Eine typische regionale Sage, die auf das Ringen zwischen der alten Religion und dem Christentum zurückgeht. Solche Sagen markieren aber meist einen für den Kult der alten Religion bedeutsamen Platz.

Auf dem Buchkogel wurden bei Grabungen im Jahr 1926 zwölf Hausgrundrisse gefunden, die man der Jungsteinzeit zuordnete. In der Abteilung für Vor- und Frühgeschichte des Landesmuseums Joanneum im Schloß Eggenberg ist ein Modell dieser Siedlung zu sehen.

Zufahrt und Zugang:
Auf der Südautobahn bis zur Abfahrt Wildon und weiter in den Ort. Ein sehr schöner Rundwanderweg beginnt am Fuß des Schloßbergs etwa gegenüber der Kainachbrücke. Er ist gut markiert und führt vom Markt zuerst Richtung Schloßberg. Der weitere Verlauf ist mit „Buchkogel – St. Margarethen" beschildert. Der Weg verläuft in Ruhe und relativer Abgeschiedenheit ohne große Steigungen vorwiegend durch Buchenwald. Auf der östlichen Seite des Rundweges weist eine Tafel auf den markierten Abstecher zum sogenannten „Südblick".

Geomantische Eigenschaften:
Annähernd in Nord-Süd-Richtung zieht sich eine starke Reizzone über Schloßberg und Buchkogel. Im Bereich des vermuteten Opferplatzes über der Höhle im Südabsturz durchläuft diese Zone eine Globalgitterkreuzung.

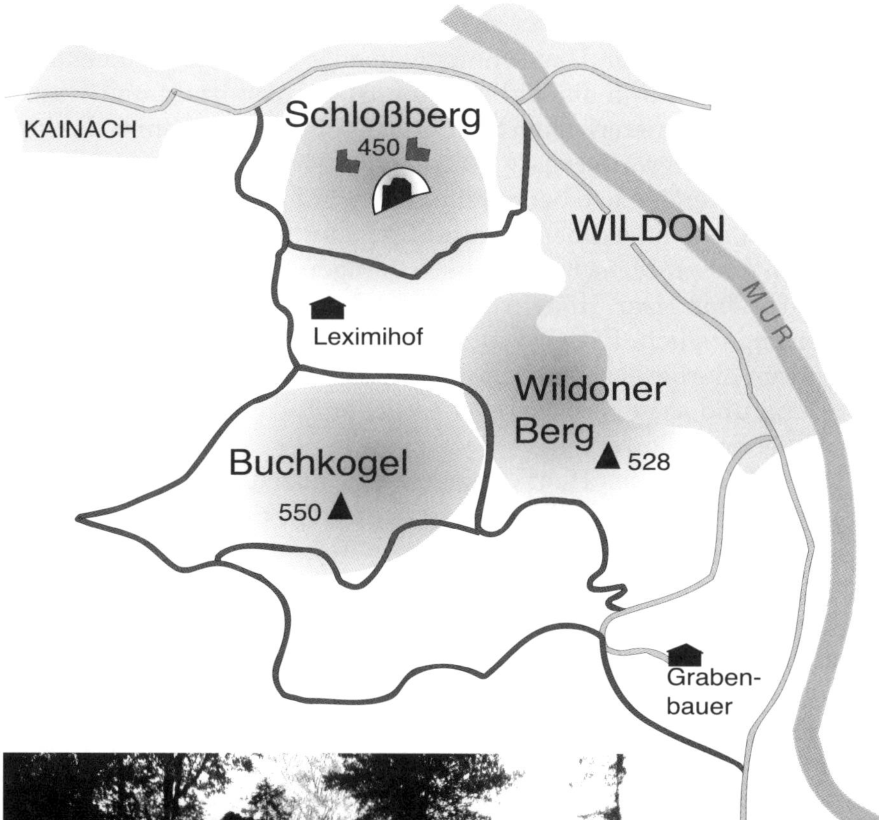

Unterhalb der Schloßruine findet man die kleine Halbhöhle, in welcher nach der Sage der „Wilde Mann“ gehaust haben soll.

31 Hoarachkogel bei Spielfeld

Kurzbeschreibung:
Unmittelbar an der Grenze zu Slowenien verläuft ein Höhenzug, der unter dem Namen Herrschaftswald oder Hoarachkogel bekannt ist. Seit man auf ihm die Wallanlagen, Hausgrundrisse und Hügelgräber einer prähistorischen Siedlung gefunden hat, nennt man ihn häufig auch Ringwallberg.

Die Mur wendet sich bei Spielfeld fast rechtwinkelig nach Osten. Die Lage des Ringwallberges direkt gegenüber dem Murknie mag vor allem die strategischen Voraussetzungen für die Höhensiedlung geboten haben. Der Höhenrücken ist heute stark bewaldet und schwer zugänglich. Er wird im Westen vom Bubenberggraben, im Osten vom Zierberggraben begrenzt. Die Staatsgrenze verläuft über den Berg, und so gehört dessen westlicher Teil zur Steiermark und der östliche zu Slowenien.

Das Nordende des Hoarachkogels war durch einen hufeisenförmig angelegten Ringwall gesichert, von dem es noch deutlich erkennbare Reste gibt. Im Süden wurden Teile eines Vorwalls gefunden. Nach dem Stand der archäologischen Forschung wurde die Siedlung in der frühen Hallstattzeit zerstört. Über dem offensichtlich ebenfalls zerstörten Befestigungswerk wurde anschließend eine klassische keltische Quadermauer, ein „murrus gallicus“, errichtet. Diese Art der Umwallung ist für die La-Tènezeit typisch. Die Grabhügel liegen entlang des Bergkammes, annähernd in einer Linie. Von den neun freigelegten Hausgrundrissen sticht einer hervor. Dieses Haus dürfte die Funktion eines Heiligtums gehabt haben und weist gewisse Ähnlichkeit mit der Anlage auf dem Königsberg bei Tieschen auf. Die vorhandenen Reste sind allerdings rudimentär, auch wurden, soweit bekannt, keine entsprechenden Funde innerhalb des Fundamentbereichs gemacht.

Zufahrt und Zugang:
Auf der Südautobahn bis Spielfeld. Durch den Ort weiter auf der Straße Richtung Langegg bis nach Zieregg. Von dort ist der weglose Aufstieg in den „Herrschaftswald“, auf den Hoarachkogel, möglich. Wegen der unmittelbaren Nähe der Staatsgrenze sollte man den Hoarachkogel nicht ohne Ausweispapiere begehen.

32 St. Johann und Paul, Graz-Wetzelsdorf

Kurzbeschreibung:
Auf einer markanten, aber heute bewaldeten Hügelkuppe am westlichen Talrand des Grazer Beckens steht die kleine Bergkirche „St. Johann und Paul“. Der Platz fällt nach allen Seiten steil ab. Richtung Osten, wenige Meter hinter der Apsis der Kirche, befinden sich die Fundamente eines Steinkreuzes. Dieser Platz dürfte als Brandopferplatz gedient haben. Hinweise darauf gab der Runenstein, der sich bis zum Sommer 1997 etwa vier Meter neben der Nordwand der Kirche befand und den Steilabfall des Hügels in Richtung zum darunterliegenden Gasthaus begrenzte.

Der Runenstein wurde im Sommer 1997 vom Felsbildforscher Dr. Lothar Wanke fotografiert. Dieses Foto hat dokumentarischen Wert. Nachdem nämlich die Runenzeichen als Warnung der Bajuwaren vor den christlichen Missionaren gedeutet worden waren, wurden sie – dem Vernehmen nach von einem damit beauftragten Steinmetz – abgeschliffen. Eine „Wegverbreiterung“ lieferte schließlich den Grund dafür, den Runenstein überhaupt zu sprengen und den Platz zu planieren. Daß ein Denkmal aus der Zeit der Missionierung der Bajuwaren heute noch derartige Emotionen und einen solch barbarischen Vernichtungsdrang auslöst, gibt zu einigen Fragen Anlaß. Sie können jedoch an dieser Stelle weder aufgeworfen noch beantwortet werden.

Der Wald verbirgt beinahe die markante Form der Hügelkuppe und im Sommer durch das dichte Laub der Buchen sogar die Kirche St. Johann und Paul.

Unglaublich – aber leider wahr: Dieser Runenstein neben der Kirche St. Johann und Paul, im Sommer 1997 von Dr. Lothar Wanke fotografiert, existierte im Frühling 1998 nicht mehr.
Das linke Bild zeigt, wie gründlich und professionell dieser „Heidnische Schandklotz" – ein etwa eineinhalb Jahrtausende altes Kulturdenkmal – vernichtet wurde!

Zufahrt und Zugang:
Aus der Stadtmitte von Graz kommend auf der Wetzelsdorfer Straße bis zur Endstation der Straßenbahnlinie 7. Dort nach links in die Krottendorfer Straße, bis etwa in Höhe Bildungszentrum Raiffeisenhof von der Krottendorferstraße der sehr steile Spielbergweg abzweigt. Auf dem Spielbergweg bis zu seiner Einmündung in die Straße „Am Ölberg". Diese endet bei einer Hauszufahrt. Auf der Gartenmauer befindet sich eine deutliche rote Markierung. Sie bezeichnet einen schmalen und sehr steilen Fußweg, der zuerst entlang der Gartenmauer und dann direkt durch den Wald zur Kirche „St. Johann und Paul" führt.

Geomantische Eigenschaften:
Durch die Längsachse der Kirche verläuft eine sehr starke Wasserzone bis zum Steilabfall des Hügels. Im Bereich der Fundamentreste eines Steinkreuzes wird sie von zwei Globalgitterlinien geschnitten. Die Wasserzone verläuft sodann talwärts. Etwa 100 Meter vor dem Ende der Straße „Am Ölberg" befindet sich auf der Bergseite eine Pferdekoppel mit einzelnen Bäumen. Dort ist der Verlauf dieser stark strahlenden Zone durch den auffallenden Fehlwuchs zweier Bäume nachzuvollziehen: Die Stämme der Bäume wachsen zuerst etwa einen Meter weit fast parallel zum Boden von der Störzone weg und richten sich erst dann auf. Ein solcher Versuch von Bäumen, einer Strahlungszone auszuweichen, ist häufig zu beobachten.

Der heute dichte Bewuchs läßt die Ausgesetztheit des vermuteten Brandopferplatzes hinter der Kirche St. Johann und Paul fast nur mehr erahnen. Der Wald verdeckt die Aussicht auf das Grazer Becken und die gegenüberliegenden Randberge im Bereich Andritz-Mariatrost.

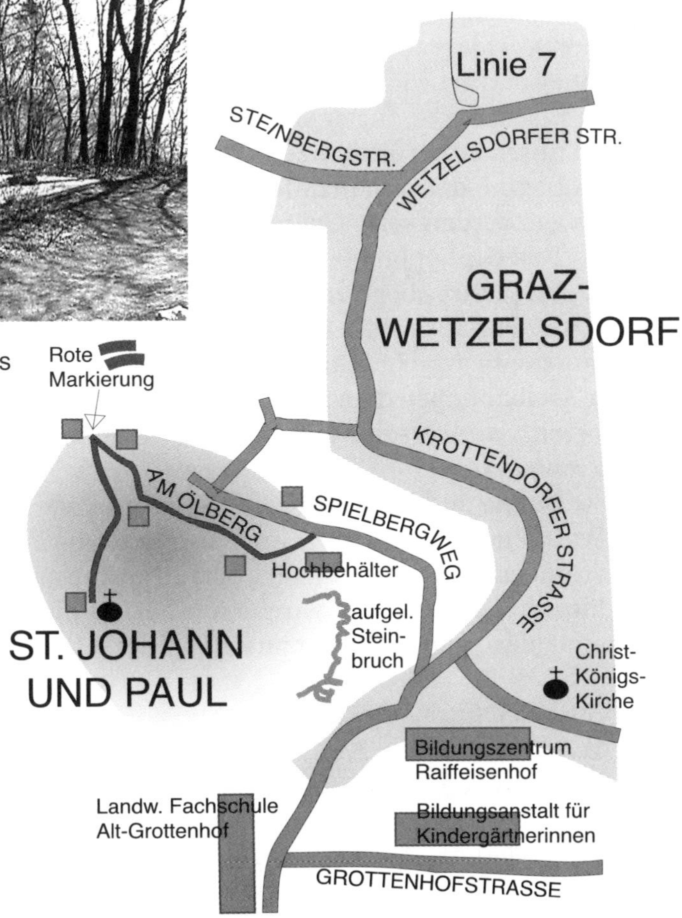

33 Heiliger Berg bei Bärnbach

Kurzbeschreibung:
Schon in der Jungsteinzeit war der Heilige Berg besiedelt und zugleich wahrscheinlich auch eine bedeutende Kultstätte. Er ragt als markantes Landschaftselement aus dem Becken von Köflach, Voitsberg, Piber und Bärnbach. Heute trägt er eine barocke Wallfahrtskirche und ein Karmelitinnenkloster. Trotz der zahlreichen Eingriffe in seine Topographie sind an den Hängen im Norden, im Westen und im Süden die wahrscheinlich in der Hallstattzeit angelegten Terrassen sowie im Süden die Spuren einer Wallanlage noch erkennbar. Die Reste der vorgeschichtlichen Siedlung fielen Anfang der Siebzigerjahre – nach der Untersuchung durch das Landesmuseum Joanneum – dem Neubau des Karmelitinnenklosters zum Opfer. Zumindest konnte festgestellt werden, daß es in der jüngeren Urnenfelderzeit an diesem Platz eine große befestigte Siedlung mit einer beträchtlichen Anzahl von Holzbauten gegeben hat. Der innere Bereich war durch eine Wallanlage gesichert. Die Siedlung wurde durch einen Brand zerstört, danach aber wieder errichtet. Etwa zu Beginn der provinzialrömischen Zeit dürfte sie schließlich aufgegeben worden sein. Gründe dafür kennt man nicht.

Das Gipfelplateau ist heute durch eine Zufahrtsstraße erschlossen. Es führt aber auch ein Kreuzweg aus dem Tal herauf. Die letzte Kreuzwegstation dürfte auf dem alten Kultplatz liegen. Dafür spricht einerseits der Umstand, daß – wie bei fast allen Opferplätzen – unmittelbar neben dem Platz ein steiler Felsabsturz die Ausgesetztheit betont; andrerseits befindet sich hier eine sehr starke Strahlenkreuzung.

Bänke und Kapellen betonen die heutige Funktion des Areals als Wallfahrtsort. Auf dem Gipfel des Heiligen Berges befindet sich eine steinerne Kreuzigungsgruppe. Der Bereich des Karmelitinnenklosters, der auch die Kirche umfaßt, ist nicht zugänglich und durch eine abweisende Betonmauer vom Rest der Welt getrennt.

Zufahrt und Zugang:
Von Graz auf der Autobahn A2 Richtung Kärnten bis zur Abfahrt Mooskirchen. Weiter auf der Bundesstraße 70 nach Voitsberg. Dort zweigt die Straße nach Bärnbach ab. Die Straße auf den Heiligen Berg beginnt am südlichen Ortsende von Bärnbach und ist beschildert.

34 Noreia am Neumarkter Sattel

Kurzbeschreibung:
Es war zweifelsfrei eine beachtliche keltische Siedlung, die Prof. W. Schmid in den Jahren 1920 bis 1930 hier ausgrub: mehr als 50 Häuser, sieben Werkstattgebäude mit Schmelzöfen und eine ausgedehnte Befestigungsanlage. Man zog Querverbindungen zum Bericht des Römers Plinius über die Schlacht der Römer gegen die Kimbern und Teutonen im Jahr 113 v. Chr., die im Gebiet des Neumarkter Sattels auf dem Herfeld stattgefunden haben dürfte, und wo ein nahegelegenes keltisches Oppidum namens Noreia erwähnt wird. Unter dem Eindruck dieser Zusammenhänge benannte man im Jahr 1932 die Ortschaft St. Margarethen am Silberberg in Noreia um. Ob es sich bei Noreia am Neumarkter Sattel tatsächlich um die Hauptstadt des norischen Königreiches handelte, bleibt fraglich. Es gab sicher mehr als nur ein Noreia, denn die Benennung einer Stadt nach der Hauptgottheit dürfte kein Exklusivrecht der Königsstadt gewesen sein. Es gibt eine Vielzahl von Noreia-Kultstätten, die in provinzialrömischer Zeit teilweise der Isis-Noreia geweiht waren und nach der Christianisierung ihren Charakter als Madonnenkultstätten beibehielten. Das „zentrale“ Noreia vermutet man heute eher am Magdalensberg als am Neumarkter Sattel.

Aber zweifelsfrei war auch dieses Noreia eine sehr wichtige Stadt und ein bedeutendes Zentrum des Metallhandwerks und des Handels im Königreich Noricum. Das Eisenerz für die Handwerksbetriebe kam aus dem nahegelegenen Hüttenberg im Kärntner Görtschitztal. Der über 2000 Jahre währende Erzabbau wurde erst 1978 eingestellt. Heute gibt es dort ein Schaubergwerk und ein Hüttenmuseum.

Auf dem Gebiet der keltischen Siedlung Noreia besteht heute ein Freilichtmuseum. Der größte Bau, das Königshaus, wurde rekonstruiert und beherbergt einen Schauraum. Der bei den Ausgrabungsarbeiten von Prof. Schmid gefundene Kultplatz wurde später wieder zugeschüttet. Er liegt etwa 50 Meter nördlich des rekonstruierten Königshauses nahe an einer Erhebung über einer felsigen Steilstufe. Für Rutengeher ist der Platz zweifelsfrei zu finden: Der offensichtlich etwas außerhalb des Tempelbezirks gelegene ursprüngliche Opferplatz ist der „stärkste Punkt“ in der Umgebung. Allerdings dürfte der gesamte Tempelbezirk ein Platz von höchster Harmonie in geomantischer Hinsicht gewesen sein. Das heißt, eine perfekte

Abstimmung des gestaltenden Eingriffs des Menschen auf natürliche Strahlungsverläufe und vorgegebene landschaftliche Strukturen.

Der Grabungsbericht von Prof. Schmid aus den Zwanzigerjahren beschreibt das Heiligtum als *„sechs Meter breiter Rundbau aus Pfosten, begleitet von einer Pfostenreihe als Säulenumgang, umgeben von einer achteckigen Einfriedung mit einer Länge von 13,26 Metern und einer Breite von 11,25 Metern. Die Mitte des Heiligtums nahm ein Altar von 35 Zentimetern Höhe ein, aus vier rechteckigen Platten aufgebaut, einen Meter lang und 70 Zentimeter breit. Hinter dem Altar lag eine große, 1,90 Meter breite halbrunde Herdgrube für das Opferfeuer."* Neben dem Altar stand eine Votivsäule aus Holz. Der Bau entsprach in seiner Konstruktion jener der keltischen Palisadenwand.

Den Felsblock, der die ursprüngliche Opferstätte gewesen sein dürfte, kann man über eine Stiege besteigen. Knapp unterhalb befindet sich eine flache Halbhöhle und daneben ein Schlupfstein.

Zufahrt und Zugang:
Von Neumarkt auf der Bundesstraße 92 über Mühlen nach Noreia. Vor der Kirche des Dorfes befindet sich das erste Hinweisschild, das den Weg zum „Königshaus“ weist.

Geomantische Eigenschaften:
Der Opferplatz weist im Zentrum eine aufsteigende Wasserzone mit einer Abgangszone nach Südwesten auf, die von einem Globalgitter- und einem Wachstumsstreifen überlagert ist. Die Abgangszone durchläuft den Platz, auf dem die Tempelanlage lokalisiert wurde, und wird dort von einer Zweifachüberlagerung aus Global- und Wachstumslinien sowie schräg dazu von einer positiven Diagonalzone gekreuzt. Es gibt also zwei stark strahlende Punkte in kurzer Entfernung voneinander.

Quellheiligtümer Wegkreuze Kirchen und Kapellen

Überall in der Steiermark findet man an Straßen, Wegen und Wegkreuzungen Bildstöcke, Marterl oder Bildsäulen, Kapellen und Flurkreuze. Diese Zeichen der Volksfrömmigkeit sind ein weites Forschungsfeld für die Volkskunde. Entsprechend breit ist auch der Interpretationsspielraum hinsichtlich Ursprung und Bedeutung dieser Flurdenkmäler.

Viele Wegkreuze und Marterl wurden im Zuge von Straßenbauten oder der Flurbereinigung versetzt. Wo sie allerdings an ihrem angestammten Platz stehen bleiben durften, fällt auf: Sie stehen durchwegs an Plätzen mit besonderen geomantischen Eigenschaften. Kaum ein altes Marterl, das nicht auf einer Strahlenkreuzung steht – egal, ob es aus Stein oder Holz hergestellt ist. Man denkt beinahe zwangsläufig an eine Stelle aus dem apokryphen Thomas-Evangelium: „Richte den Stein auf, und du wirst mich finden. Spalte das Holz, und ich bin da!" Aufgerichteter Stein ist der Menhir genauso wie die Bildsäule. Und das gespaltene Holz wurde in christlicher Zeit zum Kreuz.

Das Kreuz ist nicht erst im Christentum ein Zeichen mit hohem Sinngehalt. Mit vier gleich langen Balken ist es Symbol des Weltenrades. Es ist Zeichen für die vier Himmelsrichtungen und für die Sonne. Das Kreuz ist ein uraltes Heilszeichen. Das Kreuz an Wegkreuzungen ist immer ein Kraftplatz. Meist kann man den Kraftlinienverlauf aus dem Landschaftsbild und den Wegverläufen erkennen. Die Wünschelrute dient nur mehr der Bestätigung, und es ist offensichtlich: Nicht die „heiligen Plätze" entstanden, weil sich dort Wege kreuzten, sondern die Wege wurden von den Plätzen regelrecht angezogen und mußten sich natürlicherweise dort kreuzen. Die Menschen gingen diese vorgegebenen Wege, denn es kam ihnen nicht auf den kürzesten Weg an, sondern auf den richtigen.

Die Bildsäulen sind reicher an Darstellung und Schmuck als Wegkreuze. Sie haben meist auch nichts mit dem Kreuz zu tun, sondern zeigen einen Heiligen und Elemente aus der Heiligenlegende. In der

Steiermark taucht besonders oft Ulrich, der „Quellheilige", auf Bildstöcken auf – zumindest dort, wo man an oder über einer Ulrichsquelle nicht überhaupt gleich eine Kirche oder Kapelle erbaut hat.

Das Wasser und seine Quelle ist heilig seit Urzeiten. Kein Wunder, denn gemeinsam mit der Sonne ist das Wasser die Grundvoraussetzung für alles Leben. Viele vorgeschichtliche Kultplätze finden sich an Quellen, und im Christentum wurde die Tradition der Kultplätze weitergeführt. Die Quellen gelten meist in irgendeiner Beziehung als Heilquellen, selbst wenn ihr Wasser die Voraussetzungen eines Heil- oder Mineralwassers nach der Lebensmittelverordnung nicht erfüllt. Es ist die Verbindung von „starkem Platz" und lebendigem Wasser, die heilend wirkt. Und es ist das Hingehen zur Quelle, das einen wesentlichen Aspekt im Volksglauben um die Heilkraft dieser Quellen und Bründl ausmacht.

In alter Zeit waren die Quellen beseelt – mit Wassergeistern und Nymphen. Im Christentum übernahmen Heilige diese Rolle als Quellpatron: Maria vor allem, Johannes (der Täufer) und Ulrich. In einem Katechismus aus der karolingischen Zeit werden die frischbekehrten germanischen und slawischen Alpenchristen ermahnt, nicht an den Quellen zu opfern. Sie taten das nämlich häufig und mit Inbrunst, und sie ließen trotz Katechismus nicht davon ab. Also zog man bald wieder zu den Quellheiligtümern, errichtete dort Kreuze und Kirchen. Die Quellen wurden sozusagen getauft und in den christlichen Kult integriert. In vielen Kirchen befindet sich die Quelle unter dem Altar, und manchmal wurde sie sogar in eine Heiligenstatue geleitet. In Maria Fieberbründl beispielsweise, wo der segensreiche Quell aus den Händen der Marienstatue fließt.

Neben solchen Auffälligkeiten gibt es noch eine ganze Reihe von Eigenschaften, die auf individuelle Art einen Kraftplatz markieren. Sie alle lassen sich vom Rutengeher finden, aber auch von dem, der einen Blick für das Besondere hat. Die Bandbreite reicht von der Kapelle am Jordankreuz bei Frohnleiten mit ihren auffallenden sieben Linden bis zur Kirche in Lebing bei Hartberg, deren Pflasterung genau den Strahlenverlauf unter der Kirche zeigt, und zur Krypta in Leoben-Göss, wo die Nonnen so auf den Strahlungszonen bestattet waren, daß die Leichname nicht verwesten, sondern durch die natürliche Strahlung des Ortes mumifiziert wurden. Viele dieser Orte sind unscheinbar. Wie so oft, muß man von den Dingen und Zusammenhängen wissen, um sie zu sehen. Wer sie nicht sieht, wundert sich nur, warum er sich an einem solchen Platz so ungemein wohl fühlt.

Die folgende Auswahl beschreibt nur einen kleinen Teil von den zahlreichen Heilbründln, Marterln, Wegkreuzen, Kirchen und Kapellen an „starken Plätzen“. Wer mit offenen Augen und etwas Gespür durch die Landschaft geht, findet eine Vielzahl davon.

35 Wallfahrtskirche und Bildsäule in Pöllauberg

Kurzbeschreibung:
Die gotische Wallfahrtskirche Pöllauberg dürfte an einem Ort mit sehr langer Kultplatztradition errichtet worden sein. Die Heilquelle, die heute versiegt ist, befand sich im Bereich der heutigen Annakapelle. Bei Renovierungsarbeiten im Jahr 1967 wurde unter dem Fußboden der Kapelle die alte Quellfassung gefunden.

Bildsäule, Annakapelle und Wallfahrtskirche in Pöllauberg.

Die Wallfahrtskirche selbst ist ein Musterbeispiel für die geomantischen Kenntnisse der gotischen Baumeister. Es ist eine zweischiffige gotische Kirche, und das ist schon selten genug. Durch die in der Mitte verlaufende Pfeilerreihe ist nämlich die Sicht auf den Altar behindert. Vor dem Altar verzweigt sich die Säulenreihe, sodaß links und rechts vom Altar eine Säule zu stehen kommt. Damit ist aber offensichtlich, daß die Säulenreihe genau dem Strahlenverlauf im Kirchenbereich folgt.

Der Punkt mit der stärksten Strahlung auf dem Pöllauberg ist ebenfalls durch eine bauliche Auffälligkeit gekennzeichnet. Auf ihm steht eine steinerne Bildsäule. Der Punkt liegt unmittelbar vor dem Aufgang zum Portal der Wallfahrtskirche, aber außerhalb von deren Hauptachse.

Die harmonische Einbindung der Bauten in die vorgegebene geomantische Qualität des Ortes macht Pöllauberg zu einem Beispiel dafür, daß die Weitergabe von Kultplätzen durch die Zeiten, Kulte und Kulturen nicht mit einem Auslöschen der „natürlichen Heiligkeit“ eines Ortes einhergehen muß, sondern diese noch verstärken und mit zusätzlichen Resonanzkörpern umgeben kann. Wer Pöllauberg besucht, muß kein Mystiker sein, um diese Harmonie zu fühlen und aus ihr Kraft zu schöpfen.

Zufahrt und Zugang:
Von Hartberg (Autobahnabfahrt) nach Pöllau und weiter auf den Pöllauberg. Oder von Graz auf der Autobahn bis Gleisdorf, auf der Bundesstraße 54 weiter bis Kaindorf und dort links abbiegen nach Pöllau und auf den Pöllauberg.

Geomantische Eigenschaften:
Eine starke Wasserzone verläuft durch die Hauptachse der Wallfahrtskirche. Sie ist durch die Säulenreihe gekennzeichnet. Der Altar steht unmittelbar auf dieser Wasserzone. Knapp hinter dem Altar kreuzen zwei positive Wasserstreifen die in der Längsachse verlaufende Zone in einem spitzen Winkel. Dieser Punkt ist zugleich ein Kreuzungspunkt im Globalgitternetz.
Einer der beiden positiven Wasserstreifen aus dem Altarbereich verläuft annähernd diagonal durch das nördliche Kirchenschiff. Außerhalb der Kirche durchschneidet er eine aufsteigende Wasserzone mit mehreren strahlenförmig auf sie zulaufende Ankündigungslinien, die von Globalgitterlinien überlagert werden. Auf diesem sehr stark strahlenden Punkt steht die Bildsäule.

36 Krypta der Stiftskirche in Leoben-Göss

Kurzbeschreibung:
Das ehemalige Benediktinerinnenstift Göß wurde bereits um das Jahr 1000 vom bairischen Pfalzgrafen Aribo und dessen Gemahlin Adala gestiftet – als Reichsabtei mit einer Fürst-Äbtissin, die in dieser Funktion als Frau den Bischofsstab tragen durfte. Die ursprünglich romanische Stiftskirche wurde zwischen dem 14. und 16. Jahrhundert gotisiert. Im Langhaus sind die gedrehten achteckigen Säulen ein auffälliges Bauelement. Das Besondere an der Gösser Stiftskirche, die heute als Pfarrkirche des Stadtteils Leoben-Göß dient, ist jedoch die Krypta. Sie stammt aus der romanischen Phase und wurde unmittelbar nach der Klostergründung um das Jahr 1000

Krypta in Leoben-Göss: Die in der Strahlungszone bestatteten Leichname waren auf natürliche Weise mumifiziert!

erbaut. Der Strahlungsverlauf entlang der Hauptachse des gesamten Kirchenbaues ist auch im Langhaus feststellbar – in der Krypta ist er aber geradezu übermächtig. Bis 1961 lagen in der Krypta die sterblichen Überreste der Nonnen. Als man sie umbettete, stellte man fest, daß die im Bereich der Strahlungszone bestatteten Leichen nicht verwest, sondern natürlich mumifiziert waren. Zur selben Zeit oder später bestattete Leichname außerhalb dieses Bereichs waren dagegen verwest.

Die Gösser Krypta ist ein so stark strahlender Ort, daß es hier manche Menschen nur wenige Minuten lang aushalten. Sie werden von einer starken Nervosität befallen und müssen ins Freie. Die Krypta ist auch kein Ort, wo man sich lange der Beschaulichkeit hingibt. Man sucht sie auf wie einen Brunnen: Wie Wasser nimmt man die Kraft in sich auf und geht wieder.

Zufahrt und Zugang:
Auf der Schnellstraße S 6 von Bruck kommend oder von der Abfahrt St. Michael der Autobahn A 9 nach Leoben-Göß. Das Stiftsgebäude ist Teil der Gösser Bierbrauerei, die unmittelbar daneben liegende Stiftskirche erreicht man über einen kleinen Innenhof, zu dem der Eingang durch den auffälligen Torturm führt.

Geomantische Eigenschaften:
Entlang der genau nach Osten ausgerichteten Hauptachse der Kirche verläuft eine starke Wasserzone. In der Krypta ist sie mit zumindest doppelter Intensität feststellbar. Hier wird sie in jenem Bereich, der etwa vier bis sechs Meter vom Stiegenabgang entfernt ist, von einem ganzen Bündel aus Reizstreifen in fast rechtem Winkel geschnitten. Zwei Globalgitterlinien verlaufen im sehr knappen Abstand von etwas mehr als einem Meter beidseitig der Wasserzone. Das so entstehende intensive Kraftfeld füllt den zentralen Bereich der Krypta fast zur Gänze aus und wird wahrscheinlich durch das Gewölbe noch verstärkt.

37 Maria Strassengel

Kurzbeschreibung:
Die ab 1147 errichtete gotische Wallfahrtskirche liegt auf einem steilen Hügel im Becken von Gratwein nördlich von Graz. Auf dem Hügel befand sich schon vor dem Kirchenbau eine umwallte Anlage, wahrscheinlich ein Wachturm, wie die slawische Bezeichnung „straza" vermuten läßt. Die gotischen Glasmalereien zeigen große Ähnlichkeit mit den frühen Scheiben im Wiener Stephansdom. Neben dem Zufahrtsweg zur Kirche fallen einige Linden mit Drehwuchs auf. Offensichtlich versuchen sie, einer Reizzone auszuweichen.
Die Weihe an die Madonna, die auf dem Gnadenbild als Maria im Ährenkleid dargestellt ist, läßt an die Fortführung einer älteren Kultplatztradition denken, auch wenn es dafür heute keinerlei Belege

Der freistehende Hügel mit der markanten gotischen Wallfahrtskirche prägt das Bild des Gratweiner Beckens.

mehr gibt. Maria im Ährenkleid sieht der Kornmutter Demeter recht ähnlich, obwohl die christliche Deutung jeden Vergleich ausschließt: Da ist Maria die Gnadenähre, aus welcher das Weizenkorn Christus wächst und in der Eucharistie zum Heil wird.
Unterhalb des Gnadenbildes ist das „wunderbare Wurzelkreuz" deponiert. Der Legende nach knieten die auf dem Kirchberg weidenden Schafe vor einer Tanne nieder. Als der Hirte Nachschau hielt, fand er das aus dem Wurzelstock gewachsene Kreuz. Kaiser Friedrich wollte es nach Wien bringen lassen, aber die Pferde verweigerten den Transport. Dem Kreuz wird ein Alter von etwa 700 Jahren zugeschrieben. Es vermodert nicht und auf seiner Oberfläche setzt sich kein Staub ab.

Zufahrt und Zugang:
Von Graz-Nord auf der alten Bundestraße 67 nach Judendorf und weiter zur Wallfahrtskirche Straßengel.

38 Heiliger Berg und Eremitenquelle in St. Radegund

Kurzbeschreibung:
Der Kurort St. Radegund am Schöckl bietet heute vor allem gesunde Luft. Bis zum Ersten Weltkrieg gab es auch eine Kaltwasser-Kuranstalt, die von der Vielzahl der Quellen am südöstlichen Fuß des Schöckls gespeist wurde. Die Quellen wurden ab 1841 genutzt. Zumindest eine davon, die Eremitenquelle am Fuß des Kalvarienberges, hat eine lange Tradition als Heilquelle und Quellheiligtum. Auf den Kalvarienberg, den „Heiligen Berg", führt ein Kreuzweg. Nahe bei seinem Ausgangspunkt steht die Kapelle, in welcher die Eremitenquelle entspringt. Ihren Namen hat sie von den Eremiten, die vor etwa 800 Jahren am Fuß des Heiligen Berges neben der Quelle eine Klause zu Ehren der heiligen Radegundis erbauten.

Erwähnenswert ist auch die „Heilige Stiege" auf dem Kalvarienberg. Sie ist dreigeteilt. Früher ging man auf den äußeren Stufen aufrecht, die mittleren durften die Wallfahrer nur auf den Knien rutschend besteigen, um sich anschließend weiter auf den Knien in die Kapelle, zu welcher die Stiege führt, zu begeben. Ursprünglich war die Kalvarienbergkirche am oberen Ende der „Heiligen Stiege" geplant. Weil der Platz aber zu steil ist, errichtete man hier nur eine Kapelle und die Kirche auf dem freien Platz in der Nähe.

Zufahrt und Zugang:
Von Graz auf der Bundesstraße 67 über Mariatrost bis Forst. Dort zweigt die Straße nach St. Radegund ab.

Die Kreuzigungsgruppe vor der Kalvarienbergkirche.

39 Der Andritz-Ursprung

Kurzbeschreibung:
Der Andritz-Ursprung im Nordosten der Landeshauptstadt Graz ist eines jener Quellheiligtümer, die sich ihre Funktion quer durch die Zeiten bis heute erhalten haben. Beim Andritz-Ursprung dürfte das vor allem am Wasser selbst liegen. Die sehr starke Quelle, die hier am Fuß des verkarsteten Schöckls zutage tritt, führt rechtsdrehendes Wasser. Es ist besonders für die Herstellung von Bachblüten-Essenzen geeignet. Darüber hinaus gibt es aber eine Vielzahl von Leuten, die das „Wunderwasser" in Flaschen und Kanister abfüllen und für den täglichen Gebrauch als Trinkwasser nach Hause tragen. Das Wasser galt im Volk seit jeher als heilkräftig bei inneren Leiden.

Den mystischen Charakter der in einer engen, bewaldeten Senke liegenden Quelle, die aus einem breiten gemauerten Quellbecken sofort und ohne weitere Zuflüsse den Andritzbach entstehen läßt, versucht die um sie herum errichtete „Jakob Lorber-Gedenkstätte" zu verstärken. Jakob Lorber, steirischer Komponist, Mystiker und

„Schreibknecht Gottes“, soll hier sein „Quellevangelium“ verfaßt haben. Der gesamte Bereich ist in Privatbesitz und umzäunt. Auf dem Zugangstor befindet sich neben einer Reihe von Verbotstafeln ein Hinweisschild auf die Öffnungszeiten für die Wasserentnahme.

Zufahrt und Zugang:
Von Graz-Andritz auf der Stattegger Straße bis zur Abzweigung des Ursprungweges. Dort bis zur Forellenzuchtanstalt und das letzte Stück durch den Bauernhof und auf einem kurzen Schotterweg an einer Viehweide vorbei zu Fuß. Der Zugang zum Andritzursprung liegt am Ende des Weges, der in die Zufahrt zu einer Villa mündet: Rechts neben dem Tor auf dem schmalen Fußweg, an der Tafel „Radfahren verboten“ vorbei, den Zaun entlang bergab in den Wald.

Die starke Quelle des Andritzursprungs führt rechtsdrehendes Wasser.

40 Kirche auf dem Ulrichsberg bei Deutschlandsberg

Kurzbeschreibung:
Auf dem Ulrichsberg bei Deutschlandsberg befand sich in vorchristlicher Zeit ein Kultplatz, der von einer kleinen Siedlung umgeben gewesen sein dürfte. Die Kirche auf dem Ulrichsberg wurde bereits im Jahr 811 als Markuskirche gegründet und ist damit eine der frühesten Kirchengründungen der Steiermark. Die heutige Ulrichskirche am Rand des Hügelsporns in der Nähe des Schlosses stammt aus dem 14. Jahrhundert. Der jähe Steilabfall hinter der Kirche und der markante Strahlenverlauf lassen vermuten, daß sie genau über dem vorgeschichtlichen Opferplatz errichtet wurde.

Zufahrt und Zugang:
Auf der Autobahn A2 bis zur Abfahrt Lieboch und von dort auf der Bundesstraße 76 nach Deutschlandsberg und, dem Wegweiser nach, weiter auf den Ulrichsberg.

Die Kirche auf dem Ulrichsberg wurde bereits im Jahr 811 gegründet.

Geomantische Eigenschaften:
Im Bereich der Längsachse der Ulrichskirche verläuft annähernd von West nach Ost eine Wasserzone mit überlagerter Globalgitterlinie. Unmittelbar vor dem Altar wird diese Reizzone von einer Globalgitterlinie aus Norden und zwei Diagonalgitterlinien gekreuzt. Hinter der Apsis befindet sich ein weiterer Kreuzungspunkt. Die längs durch die Kirche verlaufende Reizzone durchschneidet hier eine Globalgitterkreuzung. Die Harmonie, die der Kirchenbau ausstrahlt, beruht zu einem wesentlichen Teil auf der Einbeziehung dieser Strahlungsverläufe in die Planung der Anlage.

41 Der Tabernakelpfeiler in Hof bei Straden

Kurzbeschreibung:
Der spätgotische Tabernakelpfeiler in Hof bei Straden ist in mehrfacher Hinsicht eine Besonderheit. Zuerst einmal ist er die einzige Lichtsäule dieser Art in der Steiermark. Auf dem gedrehten Fuß sitzt ein sechseckiger Tabernakel. Die Lichtsäule ist mit dem Jahr 1514 datiert, eine in der Nähe stehende ähnliche Säule dürfte etwa ein Jahrzehnt später errichtet worden sein.

Der zweite Umstand, der den Tabernakelpfeiler besonders interessant macht, ist seine Plazierung auf einer starken Strahlenkreuzung. Man kann annehmen, daß sich hier in früherer Zeit min-

Licht für unerlöste Seelen: der Tabernakelpfeiler.

destens zwei Wege kreuzten, die dem Strahlenverlauf folgten. In der Errichtung des kunstvollen Tabernakelpfeilers spiegelt sich die Vorstellung, durch das ewige Licht an der Kreuzung den unerlöst umherirrenden Seelen den Weg zur Seligkeit zu weisen. Nach dem Volksglauben treffen sich diese Seelen zu bestimmten Zeiten bei den Wegkreuzungen.

Zufahrt und Zugang:
Von Feldbach auf der Bundesstraße 66 Richtung Halbenrain bis Hof bei Straden. Der Tabernakelpfeiler steht am Feldrand zwischen Hof und Straden nahe beim Johannisbrunn.

Geomantische Eigenschaften:
Der Tabernakelpfeiler steht direkt über einer aufsteigenden Wasserzone. Mehrere Ankündigungszonen laufen in unterschiedlichen Winkeln zueinander auf diesen Punkt zu. Zwei positive Wasserzonen sind deutlich feststellbar. Sie werden von Globalgitterlinien überlagert. Der gemeinsame Schnittpunkt ist unmittelbar unter der Säule. Diese wirkt auf dieser starken Strahlenkreuzung gleichsam als hoch aufgerichtete Antenne, verstärkt die Erdstrahlung und gibt sie an die Umgebung ab.

Sonderfall Gotik

Die Gotik nimmt im Kreis der Sakralbauten und ihrer Stile, aber auch als Begriff für eine bestimmte Auffassung und Ausprägung des christlichen Weltbildes eine besondere Stellung ein. Das gilt nicht generell und nicht starr auf den Baustil aus kunsthistorischer Sicht bezogen. Gotik ist mehr als bloß ein Stilbegriff, und das gilt auch für einige gotische Sakralbauten in der Steiermark. Sie verdienen ein eigenes Kapitel.

In der Kunstgeschichte beginnt die Gotik zwischen 1130 und 1150. Dieser Zeitpunkt läßt sich jedoch präzisieren: Die Gotik taucht nach dem ersten Kreuzzug auf, nach dem Jahr 1128 – also nach der Rückkehr der neun Tempelritter aus Jerusalem. Sie erscheint in weiten Teilen Westeuropas gleichzeitig, in Frankreich genauso wie im Alpenraum. Hinter der Gotik steht ein ausgeprägter Wille und die Macht, diesen Willen umzusetzen. Auf jeder Spur, der man mit der Frage nach der Entstehung der Gotik folgt, kommt man auf irgendeine Weise zum Zisterzienserorden und zu seinem Gründer Bernhard von Clairvaux. Der, nebenbei, auch den Orden der Tempelritter initiierte.

Die Gotik ist, von der Statik her gesehen und bezogen auf die Bautechnik insgesamt, völlig neu. Die Baumeister der Gotik mußten in diese Materie umfassend eingeführt, speziell ausgebildet und mit bis dahin unbekannten Berechnungsmethoden vertraut gemacht werden. Das mußte in Schulen erfolgen, die in kurzer Zeit eine große Anzahl bestausgebildeter Spezialisten bereitstellen konnten. Wir wissen darüber sehr wenig – außer, daß sich aus diesen Schulen, den „Bauhütten“, die Freimaurerlogen entwickelt haben sollen –, aber es hat funk-

Der Spitzbogen: Wegweiser nach oben.

tioniert. Denn in der verhältnismäßig kurzen Zeit von etwas mehr als einem Jahrhundert entstanden die wichtigsten Bauwerke der Gotik. Die großen Kathedralen in Frankreich ebenso wie das Neuberger Münster, die Stiftskirche in Göss oder die Kirche in St. Marein bei Knittelfeld. Das setzt ein gewaltiges Potential an Arbeitskräften, Wissen und Können voraus.

Die später, bis ins 15. Jahrhundert, entstandenen gotischen Kirchen tragen zwar die Stilformen weiter, beeindrucken aber durchwegs nicht mehr mit jener durchdringenden, geradezu musikalischen Harmonie des Steins. Auch bei der Wahl des Ortes gingen die Bauherren – durchwegs Zisterzienseräbte – einen eigenen Weg. Wir können ihn heute noch mit der Wünschelrute nachvollziehen. Es ist kein Zufall, daß diese Äbte die Wünschelrute in ihrem Wappen tragen. Und genauso wenig ist es Zufall, daß sich dort genius loci und genius artis, der Geist des Ortes und der Geist der Kunst, zu einem in Stein gefaßten Sphärenklang verbinden. Wer in der Kathedrale von Chartres war, weiß das. Wer im Münster von Neuberg an der Mürz steht, auch.

Im gotischen Kirchenbau verbinden sich der Geist des Ortes und der Geist der Kunst zu in Stein gefaßter Harmonie.

Es ist nicht so, daß die Gotik die Romanik einfach ablöste. Neben dem gotischen Stil wurde weiterhin auch im romanischen Stil gebaut, und in vielen Kirchen der Steiermark finden wir beide Stile vermischt. Allerdings: Niemals im Gewölbe! Denn romanisches und gotisches Gewölbe – das sind Gegensätze, wie sie nicht ausgeprägter sein können. Das romanische Gewölbe ist statisch, es lastet auf den Mauern. Der Kraftverlauf ist klar von oben nach unten. Das gotische Gewölbe dagegen ist dynamisch. Es wandelt seitliche Spannung in senkrechten Druck um. Das Gewicht des Gewölbes wird durch seine Form ausgeglichen. Damit ein gotisches Gewölbe bestehen kann, müssen

Schub, Druck und Spannung genauestens aufeinander abgestimmt sein. Es drängt sich der Vergleich mit einer Violinsaite auf: Die steinernen Federn befinden sich wie die Saiten unter einer genau gestimmten Spannung. Jede Spannung aber erzeugt Schwingung, und jede Schwingung Resonanz: Sie bringt den, der sich ihr aussetzt, zum Mitschwingen.

42 Das Münster in Neuberg an der Mürz

Kurzbeschreibung:
Wer in der Steiermark die Gotik in reinem Stil und in ihrer vollen charakterlichen Harmonie sucht, findet sie im Neuberger Münster. Äußerlich wurde an der ehemaligen Stiftskirche, deren Bau um 1327 begonnen wurde, nichts verändert. Es wurde kein Turm hinzugefügt; man beließ es beim typisch gotischen Dachreiter. Im Inneren sind die barocken Altäre ein „Stilbruch“, den man hinnehmen muß. Sie stören die beinahe körperlich wahrnehmbare Grundschwingung des Gewölbes und die einzigartige Raumwirkung nicht.

Die dreischiffige Hallenkirche ist nicht exakt nach Osten ausgerichtet. Den Grund dafür finden wir im Strahlenverlauf, und so ist das Münster trotz der abweichenden Ausrichtung – oder

Gotik in reinem Stil und vollkommener Harmonie: das Neuberger Münster.

gerade wegen ihr – vollkommen in das geomantische Muster des Ortes eingefügt. Die Zisterzienser, die von Herzog Otto dem Fröhlichen im Jahr 1327 mit der Errichtung des Klosters Neuberg betraut wurden, kamen aus dem Zisterzienserstift Heiligenkreuz im Wienerwald. Sie fanden an landschaftlichen Voraussetzungen vor, was sie sich wünschten – und sie wußten die Harmonie des Ortes zu nutzen. So entstand hier das einzige Münster der Steiermark, ein Musterbeispiel der Gotik, das uns trotz der Auflösung des Klosters durch Josef II. im Jahr 1786 in seiner Vollkommenheit erhalten geblieben ist.

Zufahrt:
Auf der Semmering-Schnellstraße S 6 nach Mürzzuschlag und von dort weiter auf der Bundesstraße 23 durch das Mürztal nach Neuberg.

Geomantische Eigenschaften:
Genau in der Längsrichtung verläuft durch das Mittelschiff eine ausgeprägte Wasserzone, die von einer Globalgitterlinie überlagert ist. Diese Reizzone ist schon vor dem Hauptportal des Münsters deutlich feststellbar. Im Bereich des Hauptaltars wird diese Zone von einer Globalgitterlinie und zwei Diagonallinien geschnitten. Ein Kreuzungspunkt dieser Art gilt aus radiästhetischer Sicht als besonders harmonisierend und seiner Wirkung nach für die Psyche aufbauend.

Gerade bei einem Bauwerk wie dem Neuberger Münster wäre eine radiästhetische Aufnahme nicht nur in der Ebene, sondern auch im Raum wünschenswert. Hier wartet noch eine Aufgabe für sehr geübte und erfahrene Radiästheten!

43 St. Marein bei Knittelfeld

Kurzbeschreibung:
Die Pfarrkirche von St. Marein bei Knittelfeld wurde bereits um das Jahr 1075 errichtet. Die Augustiner-Chorherren wollten hier um 1140 ein Kloster errichten, zogen aber schließlich weiter und bauten das Stift Seckau. Die Kirche St. Marein wurde ab 1437 völlig neu als gotische Hallenkirche aufgebaut. Sie ist eine der bedeutendsten goti-

schen Kirchenbauten aus der Zeit Friedrichs III., liegt frei auf einer markanten Anhöhe und ist genau nach Osten ausgerichtet. Der zugebaute Turm überragt das Langschiff nur um Dachhöhe und stört die äußere Harmonie nicht. Die das Areal umfassende Friedhofsmauer stammt aus der selben Zeit wie die Kirche.

Zufahrt und Zugang:
Von der Abfahrt St. Michael der Autobahn A 9 auf der Schnellstraße S 36 Richtung Knittelfeld bis zur Abfahrt St. Lorenzen. Von dort auf der Bundesstraße 336 etwa zwei Kilometern bis zur Abzweigung der Straße nach St. Marein.

Geomantische Eigenschaften:
Die exakte Ostausrichtung des Langhauses erfolgte in genauer Übereinstimmung mit einer schmalen, positiven Wasserzone, die in Längsrichtung durch die Mitte des Langhauses verläuft. Im Bereich der Apsis durchschneidet sie eine Globalgitterkreuzung, so daß hier ein sehr markanter Punkt feststellbar ist. Das Zusammenspiel zwischen der Qualität des Ortes und der darauf abgestimmten Qualität des Baues gibt der Kirche, die auch „Maria im Paradiese" genannt wird, ihre typisch gotisch-harmonische Atmosphäre.

St. Marein bei Knittelfeld – eine der bedeutendsten gotischen Kirchenbauten aus der Zeit Friedrichs III.

44 Die Leechkirche in Graz

Kurzbeschreibung:
Die kleine, frühgotische Kirche in der Nähe der Grazer Universität hat einiges an Besonderheiten zu bieten. Der heutige Bau entstand zwischen den Jahren 1275 und 1293 und erhielt zu Beginn des 16. Jahrhunderts zwei Türme vorgesetzt. Schon vor dem gotischen Bau befand sich auf diesem Platz eine kleine, romanische Rundkirche. Und dieser Platz hat es in sich – im wahrsten Wortsinn: Der flache Hügel, auf dem die Kirche steht, ist nämlich ein Hügelgrab aus der Hallstattzeit!

Die Generalsanierung der Leechkirche im Jahr 1992 ermöglichte im Zuge der Restaurierung des Fußbodens umfangreiche Grabungen im Bereich des Hügelgrabes direkt unter der Kirche. Man fand in dem Tumulus die – vielleicht – beim Begräbnis rituell zerschlagenen Tongefäße, die man aufgrund ihrer Verzierung der frühen Hallstattzeit zuordnen konnte, eine Vielzahl von Skelettresten sowie Hinweise darauf, daß der Grabhügel in prähistorischer Zeit ausgeraubt worden sein dürfte. Etwas nördlich des eigentlichen Leechhügels fand man ein völlig unversehrtes Grab aus der Urnenfelderzeit: ein keramisches Kegelhalsgefäß mit dem Leichenbrand, das mit einer Reihe einfacher Grünschiefer- und Kalksteinplatten eingefriedet und mit einer Grünschieferplatte abgedeckt war, und etwas entfernt davon eine flache Schale mit nur einem einzelnen Stein darauf.

Der Hügel, auf dem die Leechkirche steht, ist ein Hügelgrab aus der Hallstattzeit.

Aus den Ergebnissen der Forschungsarbeiten läßt sich heute die Vermutung ableiten, daß der gesamte Bereich über den Stadtpark hinweg bis zum Fuß des Schloßbergs ein vorgeschichtliches Gräberfeld darstellt. Der Grabhügel, der die Leechkirche trägt, könnte ein Fürstengrab gewesen sein. Belege für eine solche Vermutung fehlen allerdings.

Zugang:
Durch den Stadtpark Richtung Glacisstraße in die Zinsendorfgasse. Nach wenigen Metern führt links eine kurze Stiege auf den Hügel mit der Leechkirche.

Geomantische Eigenschaften:
Die geringfügige Abweichung von der genauen Ostausrichtung dürfte in der Rücksicht auf zwei parallele Globalgitterlinien begründet sein, die direkt an den Außenmauern verlaufen. Sie werden etwa drei Meter innerhalb des Portals von einer schwachen Wasserzone in spitzem Winkel gekreuzt und einige Meter weiter östlich, knapp vor dem Altar, von einer weiteren, rechtwinkelig zu den beiden anderen verlaufenden Globalgitterlinie.

45 Der Grazer Dom

Kurzbeschreibung:
Der spätgotische Bau entstand zwischen 1438 und 1456, nachdem auf dem Platz bereits seit 1174 eine dem heiligen Ägidius geweihte Kirche stand. Die gotische Hallenkirche hat keinen Turm, sondern den typischen gotischen Dachreiter. Eine Sakristei wurde im Bereich des Durchgangs zum Mausoleum später angebaut, stört aber die ursprüngliche Harmonie des Baues nicht. Der Innenraum hat eine starke Atmosphäre.

Zugang:
Vom Hauptplatz durch die Sporgasse und weiter durch die Hofgasse, vorbei am Schauspielhaus, zum Dom.

Geomantische Eigenschaften:
Vom Platz vor dem großen Westportal läßt sich durch die Längsachse des Kirchenschiffes eine positive Wasserzone verfolgen, die an zwei Stellen eine Globalgitterkreuzung durchläuft: knapp vor der Chorbrüstung und hinter dem Hochaltar.

Kraft ist, wo man bereit ist, sie aufzunehmen

Die Steiermark ist reich an Plätzen, an denen sich die Kraft wie aus einer Quelle ergießt. Viele von jenen, die aufgrund ihrer Besonderheiten beispielhaft für bestimmte Phänomene sind, wurden vorgestellt, aber es sind bei weitem nicht alle. Manch einer wird seinen ganz persönlichen Kraftplatz haben, an dem es besonders leicht fällt, ruhig zu werden, in sich hineinzuhören und sich in sich ganz einfach wohl zu fühlen. Quellen der Kraft sind überall, wo es einen Austausch gibt und Erstarrtes zum Fließen kommt.

Es ist wie bei den alten, oft ein bißchen verwachsenen Pfaden: Sie führen nicht auf dem schnellsten Weg zu einem bestimmten Punkt, sondern auf jenem, der schon dem Gang selbst einen Sinn gibt. Nicht daß man irgendwohin gelangt, ist das allein Entscheidende, sondern auch das Wie. Das gilt im übertragenen Sinn genauso bei den alten Kraftplätzen.

Wer einen dieser Plätze aufsucht, weil er sich auf diesem Platz etwas Sensationelles erwartet, kann sich den Weg sparen. Äußerlich sind die Plätze durchwegs unscheinbar. Damit sie wirken können, muß man mit ihnen kommunizieren: Ruhig werden und sich ihrem Geist öffnen. Man geht nicht zur Quelle, ohne ein Gefäß mitzubringen, in dem man das Wasser auffangen kann.

Wer einen Kraftplatz als Ziel einer Wanderung wählt oder in eine Wanderung einbindet, muß das nicht als Wallfahrt auffassen. Das beste Gefäß für die strömende Energie ist ein heiterer Sinn. Und die richtige Mischung aus Neugier, Offenheit und Fähigkeit zum Staunen bereichert nicht nur den Ausflug zu einem Kraftplatz, sondern das ganze Leben.

Glossar

Gaia-Theorie: Der Biologe James Lovelock von der Havard Universität begründete diese Theorie, nach welcher die Erde keine tote Gesteinskugel ist, sondern ein gigantischer Organismus. Sie stellt ein System dar, in dem die Evolution der Lebewesen eng mit derjenigen der Umgebung gekoppelt ist. Die Selbstregelung des Klimas oder die Veränderung der chemischen Zusammensetzung der Atmosphäre sind beispielhafte Eigenschaften mit direktem Einfluß auf die „Bewohner" der Erde.

Initiation: Die Initiation ist das Urbild für Tod und Wiedergeburt im Übergang von einer Seinsstufe in eine andere. Sie fand – und findet – meist in Höhlen, in Dolmenkammern oder anderen unterirdischen Orten statt und fordert vom Initianden die Loslösung von seiner bisherigen Existenz als Voraussetzung für die Neugeburt und die Rückkehr ans Licht. Bei den meisten Völkern gab es Jugendweihen mit Initiationscharakter, in welchen der Übergang vom Kind zum Erwachsenen Ausdruck findet. In den christlichen Kirchen hat die Firmung bzw. Konfirmation die Funktion einer Initiation.

Ley-Lines: Englische Bezeichnung für die festgelegten Verbindungslinien zwischen Kultstätten. Sie dürften Ströme tellurischer und kosmischer Energie darstellen und spielen auch im Feng-Shui, der chinesischen Geomantie, eine bedeutsame Rolle. Nach J. Michell – einem englischen Geomanten, der einen Großteil der Kultplätze in England und Schottland bezüglich geomantischer Eigenschaften untersucht hat – überziehen die Ley-Lines als eine Art „energetischer Richtungsweiser" die ganze Erde. Kirchen, Kathedralen, Steinmonumente und gewisse Hügelformationen scheinen seinen Forschungen zufolge einem charakteristischen Muster von Ley-Lines zu entsprechen.

Reizzonen: In der Radiästhesie wird als Reizzone oder Reaktionszone ein begrenzter Bereich verstanden, in welchem dazu fähige Personen zu einer radiästhetischen Reaktion veranlaßt werden – also ein Rutengänger zu einem Rutenausschlag. Über die Art und Qualität der Reiz- oder Reaktionszone ist damit keine Aussage gemacht, bloß über deren Vorhandensein.

Schamanen: Als Überbegriff steht jener des Schamanen für den Priester, den Vermittler zwischen materieller, sinnlicher und übersinnlicher Welt. Im schamanischen Weltbild besteht das Zentrum jeder Seinsebene – im weiteren Sinn jeder „Welt" – aus einem Loch, das den Durchschlupf auf eine andere Seinsebene ermöglicht. Im Megalithikum nahm diese Vorstellung als „Seelenloch" Gestalt an.

Seelenloch: In den Deckplatten von Ganggräbern sind sie genauso zu finden wie in den Frontplatten von Großsteinbauten aus der Megalithkultur: die kleinen Löcher, die den Durchgang der Seele ermöglichen sollen. Das älteste bekannte Seelenloch wurde auf einer Elfenbeinplatte im Gebiet des Baikalsees gefunden. Auf einer Seite der Platte ist der unterirdische Bereich durch Schlangendarstellungen symbolisiert, auf der anderen der überirdische durch ein Muster aus Punkten und Spiralen. Die Darstellung ist etwa 20.000 Jahre alt. An sich ist die Bezeichnung „Seelenloch" paradox, weil die Seele als immaterielles Wesen kein Loch in der Materie für ihren Durchgang durch diese benötigt. So ist das Seelenloch keine Öffnung mit einer Funktion im praktischen Sinn, sondern ein *Symbol* für den Durchgang der Seele. Wie alle Symbole hat es die Funktion, mit sinnlich wahrnehmbaren Mitteln auf einen übersinnlichen Vorgang hinzuweisen.

Seinsformen: Der Mensch als vielschichtiges Wesen lebt in einer materiellen und in einer geistigen Welt, und im Gegensatz zu anderen Wesen ist sich der Mensch dieses Umstandes bewußt. Aus diesem Bewußtsein heraus versucht er, sich weitere „Welten" zu erschließen: die übersinnliche beispielsweise. Offensichtlich spielt dabei die Gewißheit des eigenen Todes eine Rolle. Der Tod in der materiellen Welt ist unausweichlich – in einer anderen, nichtmateriellen Welt dagegen spielt der Tod des materiellen Körpers keine Rolle. Der Großteil aller schamanischen Praktiken ist darauf ausgerichtet, sich in einer zur materiellen Existenz parallelen Seinsform „einzurichten", sich mit ihr vertraut zu machen und die in ihr gebotenen Möglichkeiten zu nutzen. Die Trance ist eine Möglichkeit, sich neben der materiellen und der geistigen Existenz eine weitere Seinsform in einer übersinnlichen Existenz zu erschließen.

Viereckschanze: Einfache Wallanlagen, die im Raum südlich der Mainlinie charakteristisch für die keltische Besiedlung sind. Das Hauptmerkmal ist, daß sich der Zugangsbereich fast immer im Süden befindet, manchmal auch im Südwesten oder Südosten, aber niemals im Norden. Nach dem derzeitigen Wissensstand nimmt man an, daß ihr Ursprung im Zusammenhang mit den heiligen Eichenhainen zu sehen ist, die zuerst mit Palisaden abgegrenzt und später mit einem Wall aus Trockenmauerwerk und einem Graben umgeben wurden. Ursprünglich dürfte die Viereckschanze tatsächlich nur die Abgrenzung eines Kultbezirks gewesen sein. Erst später wurde die Funktion auf jene einer Verteidigungsanlage ausgeweitet.

Wasserzonen: In der Radiästhesie spielen die Wasserzonen eine bedeutsame Rolle. Es sind Bereiche unterirdischer Wasserführung, die aufgrund von Resonanz und Reflexion einen starken Einfluß auf ein lokales Strahlungsfeld ausüben. Reaktionsstreifen im Zusammenhang mit strömendem, unterirdischem Wasser treten auch in einiger Entfernung von der Wasserzone auf. Man spricht von „Ankündigungszonen“. Aquastate erscheinen ähnlich wie Wasserzonen, führen aber kein Wasser. Oft werden sie auch als „positive Wasserzonen“ bezeichnet.

Wesenhaftigkeit: Die Bezeichnung für eine Existenz sinnlich oder übersinnlich wahrnehmbarer Natur, welcher man zwar bestimmte Eigenschaften zuschreiben kann, aber nicht in einem Ausmaß, das diese Existenz zu einer Persönlichkeit machen könnte. „Da ist etwas, von dem ich weiß, daß es zu mir in einer Beziehung steht, aber ich kenne dieses Etwas noch nicht” wäre eine vereinfachte Beschreibung des Begriffs Wesenhaftigkeit. Die meisten Kulte streben danach, die Wesenhaftigkeit durch Zuschreibung von (vertrauten, also vor allem menschlichen) Eigenschaften zu einer Persönlichkeit zu machen und auf diese Weise eine Kommunikation nach menschlichen Regeln zu ermöglichen. Der Begriff Wesenhaftigkeit bezieht sich jedoch nicht nur auf sogenannte „höhere“ Wesen. Ein Baum beispielsweise ist in seiner materiellen Existenz klar als Pflanze mit allen Eigenschaften, welche die Naturwissenschaft festgestellt hat, definiert. Darüber hinaus hat ein Baum aber auch nichtmaterielle Eigenschaften. Sie sind nicht klar definierbar wie die materiellen, aber zweifelsfrei vorhanden und in Beziehung zu anderen Wesen. Die „übermaterielle“ Existenz eines Baumes ist also jene einer Wesenhaftigkeit.

Bibliographie

Anati, E., Felsbilder – Wiege der Kunst und des Geistes, Zürich 1991

Bibby, G., Als Troja brannte und Babylon fiel – das mythische Zeitalter unserer Kultur, Hamburg 1964

Biedermann, H., Höhlenkunst der Eiszeit. Wege zur Sinndeutung der ältesten Kunst Europas, Köln 1984

Botheroyd, S. und P. F., Lexikon der keltischen Mythologie, München 1992

Bundesdenkmalamt, Forschungen zur Leechkirche in Graz, Wien 1996

De Camp, S., Geheimnisvolle Stätten der Geschichte, Düsseldorf 1966

Feix, J., Titus Livius: Römische Geschichte, München 1972

Gimbutas, M., Die Zivilisation der Göttin. Die Welt des alten Europa, Frankfurt a. M. 1996

Geschwendt, F., Der vor- und frühgeschichtliche Mensch und die Heilquellen, Hildesheim 1972

Gesellschaft für vergleichende Felsbildforschung, Jahrbuch 1991/92, Graz 1991

Gesellschaft für vergleichende Felsbildforschung, Jahrbuch 1997/98, Graz 1997

Haid, H., Kult und Mythos in den Alpen, Mattersburg – Bad Sauerbrunn 1990

Honore, P., Das Buch der Altsteinzeit, Düsseldorf – Wien 1967

Kammenhuber, A., Die Arier im Vorderen Orient, Heidelberg 1968

Köhler, M. Th., Die Weisheit des Mythos, Mörlenbach 1995

König, M. E. P., Am Anfang der Kultur, Berlin 1973

Kramer, D., Vom Neolithikum bis zur römischen Kaiserzeit. Dissertation, Salzburg 1981

Kühn, H., Die Felsbilder Europas, Stuttgart 1971

Lehmann, J., Die Hethiter. Volk der tausend Götter, München 1975

Lukan, K., Herrgottsitz und Teufelsbett. Wanderungen in die Vorzeit, Wien – München 1979

Markale, J., Die Druiden. Gesellschaft und Götter der Kelten, München 1987

Mellaart, J., Catal Hüyük – Stadt aus der Steinzeit, Bergisch Gladbach 1967

Merz, B., Orte der Kraft. Wenig bekannte kosmo-terrestrische Energien, Chardonne 1984
Moreau, J., Die Welt der Kelten, Stuttgart 1958
Müller-Harpe, H., Handbuch der Vorgeschichte, Bd. 3: Kupferzeit, München 1974
Purner, J., Radiästhetische Untersuchungen an Kirchen und Kultstätten. Dissertation, Innsbruck 1981
Raphael, M., Wiedergeburtsmagie in der Altsteinzeit. Zur Geschichte der Religion und religiöser Symbole, Frankfurt a. M. 1979
Reden, S., Die Megalithkulturen. Zeugnisse einer verschollenen Urreligion, Köln 1982
Schleich, J., Heilende Wasser. Heilbründl, Heilquellen und Thermen in der Oststeiermark, Graz 1997
Schleip, H. (Hg.), Zurück zur Naturreligion? Wege zur Ehrfurcht vor allem Leben, Freiburg 1986
Schuller, A. L. und H., Steiermark. Mein Heimatland, Graz 1997
Simek, R., Lexikon der germanischen Mythologie, Stuttgart 1984
Spindler, K., Die frühen Kelten, Stuttgart 1983
Stadlober, M., Gotik in Österreich, Graz 1997
Vries, J. de, Keltische Religion, Stuttgart 1961

Abbildungsnachweis

Dr. Lothar Wanke: Seite 1, 29, 37, 48, 61, 63, 64, 74, 85, 86, 87 (2), 120 (o.)

Johann Schleich: Seite 2, 8, 57, 77 (2), 83, 91 (2), 92, 95, 97, 100, 103, 105, 117, 127, 129, 131, 133, 134, 135,136, 139

Manfred Neuhold: Seite 36, 58, 112, 113, 119, 120 (u.), 121, 138, 140, 141, 142, 144

Bild- und Tonarchiv: Seite 51

Der Autor dankt

Herrn Dr. Lothar Wanke, Gesellschaft für vergleichende Felsbildforschung, Graz, für die wertvollen Hinweise und Gespräche und für die Beistellung seiner Fotos,

Herrn Johann Schleich, Gniebing bei Feldbach, für seine Fotos und die – oft mühsame – Überprüfung der Wegbeschreibungen.

01: Die Notgasse bei Gröbming
02: Lieglloch
03: Auf dem Stein/Östliches Dachsteinplateau
04: Salzofenhöhle bei Grundlsee
05: Drachenhöhle bei Mixnitz
06: Zigeunerloch bei Gratkorn
07: Die Schalensteine in Schüsserlbrunn
08: Die Megalithe in St. Pankrazen ob dem Södingtal
09: Mannsteine beim Steinbauern
10: Lochsteine beim Kulmbauern
11: Lochstein beim Gasthof Wildwiese
12: Altarstein beim Toten Mann
13: Lochstein am Kohlweg
14: Lochstein auf der Erherzog Johann-Höhe
15: Lochstein vor der Hubertuskapelle
16: Die Mannsteine bei der Grünbründl-Kapelle
17: Der Hubertusstein in Trog bei Anger
18: Schliefstein und Grotte am Rochusberg
19: Schalenstein bei Mariahof am Neumarkter Sattel
20: Phänomen Teufelstein
21: Katharinenstein in St. Kathrein am Hauenstein
22: Riegersburg
23: Kulm bei Weiz
24: Ringkogel bei Hartberg
25: Uxlemitanus-Tempel in Brunn bei Fehring
26: Königsberg bei Tieschen
27: Der Artemis-Tempel auf dem Kugelstein
28: Der Königsberg im Sulmtal
29: Isis-Noreia-Tempel auf dem Frauenberg
30: Buchkogel und Schloßberg bei Wildon
31: Hoarachkogel bei Spielfeld
32: St. Johann und Paul, Graz-Wetzelsdorf
33: Heiliger Berg bei Bärnbach
34: Noreia am Neumarkter Sattel
35: Wallfahrtskirche und Bildsäule in Pöllauberg
36: Krypta der Stiftskirche in Leoben-Göss
37: Maria Straßengel
38: Heiliger Berg und Eremitenquelle, St. Radegund
39: Der Andritz-Ursprung
40: Kirche auf dem Ulrichsberg
41: Der Tabernakelpfeiler in Hof bei Straden
42: Das Münster in Neuberg an der Mürz
43: St. Marein bei Knittelfeld
45: Der Grazer Dom